KEVIN Y ALEX MALARKEY

El niño que volvió del Cielo

Un relato extraordinario de familia,
fe y milagros

TYNDALE HOUSE PUBLISHERS, INC.
CAROL STREAM, ILLINOIS

Visite la apasionante página de Tyndale en Internet: www.tyndaleespanol.com.

TYNDALE y el logotipo de la pluma son marcas registradas de Tyndale House Publishers, Inc.

TYNDALE and Tyndale's quill logo are registered trademarks of Tyndale House Publishers, Inc.

El niño que volvió del Cielo: Un relato extraordinario de familia, fe y milagros

© 2011 por Kevin Malarkey. Todos los derechos reservados.

Ilustración de las alas de la portada © por Michael Knight/iStockphoto. Todos los derechos reservados.

Ilustración de la silla de ruedas de la portada © por Stockbyte/Photolibrary. Todos los derechos reservados.

Fotografías de plumas al principio de los capítulos © por PLAINVIEW/iStockphoto. Todos los derechos reservados.

Reimpresión del encarte del artículo del periódico y la fotografía que lo acompaña © 2004 por Bellefontaine Examiner. Todos los derechos reservados.

Fotografía del encarte de los automóviles involucrados en el accidente por cortesía de Logan Country Sheriff's Office.

Fotografía del interior del helicóptero © por MedFlight. Todos los derechos reservados.

Fotografía del interior de la ambulancia, carteles de bienvenida, Alex en su silla con los tubos © por Chip Wall. Todos los derechos reservados.

Fotografías del interior del camino y de la placa de la furgoneta por Stephen Vosloo, © por Tyndale House Publishers, Inc. Todos los derechos reservados.

Ilustración interior de Alex rodeado de ángeles © por Melissa Roberts. Todos los derechos reservados.

Fotografías interiores del Canal 5 de la historia Groundbreaking Surgery (Innovadora operación) usadas con permiso de WEWS/Cleveland y © por Scripps Media, Inc. Todos los derechos reservados.

Radiografía del interior del cuello © por Nationwide Children's Hospital. Todos los derechos reservados.

Todas las demás fotografías interiores son de la colección de la familia Malarkey y se reimprimen con permiso.

Fotografías de los autores por Stephen Vosloo, © por Tyndale House Publishers, Inc. Todos los derechos reservados.

Diseño: Stephen Vosloo

Traducción al español: Raquel Monsalve

Edición del español: Mafalda E. Novella

Publicado en asociación con la agencia Loyal Arts Literary Agency.

Versículos bíblicos sin otra indicación han sido tomados de la *Santa Biblia*, Nueva Traducción Viviente, © Tyndale House Foundation 2010. Usado con permiso de Tyndale House Publishers, Inc., 351 Executive Dr., Carol Stream, IL 60188, Estados Unidos de América. Todos los derechos reservados.

Versículos bíblicos indicados con rv60 han sido tomados de la *Santa Biblia*, versión Reina-Valera 1960. Copyright © 1960 Sociedades Bíblicas en América Latina; Copyright © renovado 1988 Sociedades Bíblicas Unidas. Usado con permiso.

Originalmente publicado en inglés en 2010 como *The Boy Who Came Back from Heaven: A Remarkable Account of Miracles, Angels, and Life beyond This World* por Tyndale House Publishers, Inc., con ISBN 978-1-4143-3606-0.

Library of Congress Cataloging-in-Publication Data

Malarkey, Kevin.
  [Boy who came back from heaven. Spanish]
  El niño que volvió del cielo : un relato extraordinario de familia, fe y milagros / Kevin y Alex Malarkey ; [traducción al español, Raquel Monsalve].
    p. cm.
  ISBN 978-1-4143-3610-7 (sc)
  1. Malarkey, Alex. 2. Near-death experiences—Religious aspects—Christianity. I. Malarkey, Alex. II. Title.
  BT833.M3518 2010
  236'.1092—dc22 [B]   2010040222

Impreso en los Estados Unidos de América

Printed in the United States of America

17   16   15   14   13   12
7

Contenido

Reconocimientos

¿Cómo podríamos Alex y yo darle las gracias a alguien sin primero darle las gracias a Dios en el Cielo, quien nos salvó la vida a los dos el 14 de noviembre, 2004, y quien es la razón del significado y la esperanza que impregnan nuestras vidas?

Quiero agradecerle a Beth, quien tuvo una visión de lo que la historia de Alex podría hacer para ayudar a otras personas. El incansable trabajo que realiza con Alex va más allá de lo que se puede describir. Gracias, Aaron, Gracie y Ryan, por tratar siempre de entender la atención que recibe Alex, y por también entender que Dios, su mamá y yo nos preocupamos por ustedes tanto como por su hermano mayor.

Gracias a los miles y miles de personas que han orado todos los días, por muchos años, por nuestra familia. Ustedes han desempeñado un papel importante, que hemos intentado destacar en nuestra historia. Lo que es más importante es que sus oraciones están guardadas en el Cielo. Gracias, pastor Brown, pastor Ricks, y gracias a todas las otras maravillosas personas que organizaron los esfuerzos para ayudar a nuestra familia.

Gracias a todas las fantásticas personas de la editorial Tyndale House, quienes no sólo han puesto nuestra historia en forma de libro, sino que también se han convertido en miembros clave del apoyo en oración por

Alex y el resto de nuestra familia. Alex quiere hacer mención especial de su amigo Stephen Vosloo, quien trabajó en todas las fotografías del libro y quien en forma continua trae una sonrisa al rostro de Alex. Nuestro agradecimiento a Lisa Jackson, a Kim Miller y a Jan Long Harris por ayudarnos a organizar nuestra historia. Gracias también a Rob Suggs por su ayuda con el manuscrito.

Gracias, Matt Jacobson, por —¿qué es lo que no has hecho?— por orar, escribir, revisar y servirnos como nuestro agente y, lo que es más importante, por ser nuestro amigo.

También quiero agradecer a mis padres porque siempre han creído en mí, y por presentarme al Dios a quien ahora sirvo. Agradezco también a los padres de Beth, quienes me han enseñado acerca del valor y de la gracia durante tiempos difíciles.

Por último, quiero darle las gracias a mi hijo Alex. Tú eres mi héroe y eres la persona a la que me quiero parecer cuando sea grande.

Introducción

FUIMOS CREADOS PARA mucho más que las cosas de este mundo.

Hay veces en que lo presentimos. En que sentimos que, a pesar de nuestros mejores esfuerzos, en realidad no pertenecemos a este mundo, que este lugar no es nuestro destino final. Tenemos ciertos deseos y anhelos profundos que todavía no pueden ser satisfechos.

De hecho, cuando tratamos de hacer que este mundo sea nuestro hogar, nuestro lugar por excelencia de seguridad y comodidad, simplemente terminamos sintiéndonos desilusionados o vacíos. Es por eso que uno de los grandes santos de la iglesia escribió: "Nuestros corazones no encuentran descanso hasta que lo encuentran en ti, oh Dios."

Nuestro hogar es el Cielo. Pero ¿qué es el Cielo? El Cielo resplandece con el brillo de la gloria de Dios. Está lleno de la música de los ángeles en adoración, y de la belleza de un paisaje que no ha sido asolado. Debido a que es la morada de Dios, los que entran por sus puertas sólo experimentan paz, esperanza, fe y amor: la esencia de Dios mismo.

A pesar de lo mucho que anhelamos el Cielo, hay un problema. Sabemos muy poco sobre el lugar para el cual fuimos creados. ¿A quién conoce usted que haya estado allí? ¿Ha visto algunas fotografías? Bueno, quizás haya escuchado historias de luces blancas y de túneles de algunas personas que han experimentado la muerte y luego han vuelto a esta vida. Pero ¿qué si existiera una persona que hubiera estado en el Cielo . . . *que realmente caminó a través de sus puertas* . . . y que estuvo allí el tiempo suficiente como para aprender sobre eso? ¿Estaría interesado en lo que esa persona le puede decir?

Bueno, yo conozco a semejante persona. Es mi hijo William Alexander Malarkey. Nosotros le decimos Alex.

En noviembre de 2004, Alex y yo estuvimos en un accidente automovilístico. El accidente fue tan terrible que no se esperaba que Alex, de seis años de edad en ese momento, sobreviviera, y alguien del personal médico allí sugirió que llamaran al doctor que se encarga de investigar las muertes anómalas. Más tarde, en el hospital, Alex estuvo en estado de coma durante dos meses. Durante ese período, Alex pasó tiempo en el Cielo, y cuando regresó a nosotros, tuvo mucho que decir sobre esa experiencia.

Bueno, sé lo que tal vez usted esté pensando: *Un niño va al Cielo y luego regresa para hablarnos de eso? ¿Espera que lo crea?*

No estoy aquí para promover nada o para convencerlo de un argumento teológico, o para forzarlo a validar las experiencias de Alex. Pero humildemente le presento un desafío: suspenda toda clase de idea preconcebida por sólo algunos capítulos.

Creo que su vida podría cambiar para siempre.

A veces no tengo idea de qué hacer en cuanto a la vida sobrenatural de Alex —no tengo ningún compartimiento teológico en el cual colocar estas cosas. Pero todas las personas que se han tomado el tiempo de conocer a Alex están de acuerdo en que él es un niño muy singular en quien Dios ha colocado su mano para sus propósitos.

Lo que sigue incluye descripciones físicas de partes del Cielo; una narración de la forma en que Dios y Alex a veces hablan cara a cara; y detalles acerca de la experiencia directa de Alex con los ángeles, los demonios y, sí, con el diablo mismo.

El Cielo es real. Hay un mundo que no vemos que funciona —una dimensión espiritual intensamente activa aquí mismo en la tierra, alrededor de nosotros. Y mucha de esa actividad impide que nos enfoquemos en nuestro destino futuro, el lugar donde pasaremos la eternidad.

Alex ha estado allí. Y si su corazón alguna vez se ha inquietado, si alguna vez ha deseado algo más de lo que este mundo ofrece, lo invito a que siga a Alex en su viaje de ida y vuelta al Cielo.

CAPÍTULO 1

EN LA ENCRUCIJADA

*El camino derecho y sin automóviles
fue una ilusión óptica mortal.*

LAS HOJAS APENAS se mantenían en los viejos robles a la par del camino aquella fría mañana de noviembre. Mientras Alex y yo íbamos camino a la iglesia en mi viejo automóvil Honda Civic, finalmente comencé a abandonar la sensación de urgencia que había sentido mientras vestía a mi hijo mayor y salía de mi casa.

En nuestra familia, al igual que en muchas otras, organizarnos para ir a la iglesia implicaba luchar contra las fuerzas del caos. Ya se nos estaba haciendo tarde cuando Alex corrió desnudo por la casa y se sentó frente al televisor para mirar un programa sobre la naturaleza en lugar de vestirse, como se le había dicho que hiciera. No tenía la ropa puesta, no había desayunado, y, para decir la verdad, no había obedecido a mami, todo lo cual había colaborado para ponernos nerviosos y agotar nuestra paciencia. Pero aún más que esto estaba sucediendo en nuestra familia.

Justo el día anterior, Ryan, nuestro hijo recién nacido, había llegado a casa del hospital. Con Ryan, el número de nuestros hijos aumentó a cuatro, el mayor de seis años. ¿Puede alguien estar realmente preparado para cuatro hijos pequeños? Parecía que la mejor forma de mantener cierta forma de normalidad era que por lo menos dos de nosotros fuéramos a la iglesia aquel día.

Ahora, mirando por el espejo retrovisor, sonreí y los ojos de mi hijo me devolvieron la sonrisa.

—Oye, hijo, me alegro de que estés conmigo hoy.

—Yo también, papi. Este tiempo es sólo para ti y para mí, ¿no es cierto?

—Sí, Alex. ¡Sólo para ti y para mí!

Alex y yo nos llevábamos muy bien. Desde el principio, siempre hacíamos las cosas e íbamos a todos lados juntos. Siempre cerca de Alex se encontraban sus "Barney." Algunos niños tienen un animal de peluche, otros una frazada que llevan a todos lados. Alex tenía sus "Barney," pequeños trozos de tela que a él le gustaba ponerse en la boca. Alex era el mayor de mis cuatro hijos —*¡cuatro!* ¡Qué número tan grande! Nos iba a tomar tiempo acostumbrarnos a eso.

Continuamos el viaje en silencio. Fijé la vista en el horizonte, como si en forma involuntaria quisiera atisbar en el futuro, un futuro que parecía lleno tanto de cosas buenas como, francamente, de incertidumbre. Sentía el peso de la responsabilidad de ser el "papito" de cuatro niños pequeños. En forma involuntaria respiré profundamente y exhalé el aire haciendo ruido. No pude evitar pensar en las facturas médicas.

Hacía poco que habíamos cambiado de seguro médico y los gastos por el nacimiento de un hijo no serían cubiertos por varios meses. El hecho de que llegó al mundo sin estar asegurado no hizo que nuestro pequeño hijo fuera menos maravilloso, pero no se puede negar que hizo que su nacimiento fuera muy caro.

Las hojas volaban por la carretera, lo que hacía evidente que la brisa estaba aumentando. La estación estaba cambiando. *Todo* estaba cambiando —nueva casa, nueva iglesia y un bebé recién nacido. Las estaciones son naturales y buenas. Nuestra familia se estaba embarcando en una nueva estación, un bebé recién nacido. Era natural y bueno también. También nos las arreglaríamos bien con el dinero. Siempre era así. Volverme a enfocar me hizo sentir seguridad y me ayudó a apreciar lo que había sucedido ayer: mi linda esposa, Beth, y yo habíamos pasado horas tomando turnos para sostener en brazos, tocar y arrullar a nuestro hijo recién nacido.

Alex no había querido tomarlo en brazos.

—Ven acá, Alex —le dije—. Tú eres su hermano mayor. Ven y toma en brazos a Ryan.

—Papi, en realidad no quiero. ¿Puedo sólo tomar las fotos? No me gusta cargar a los bebés.

Por un momento estudié a mi hijo mayor, y luego Beth y yo intercambiamos miradas.

—Claro, hijo. Mira, toma las fotos.

¿Quién puede entender la mente de un niño pequeño? Él se acercaría a Ryan a su tiempo. ¿Para qué forzarlo?

El entrar al estacionamiento de la iglesia me trajo al presente. Beth y el bebé estaban ahora en casa descansando junto a Gracie, de dos años de edad, y a Aaron, de cuatro, y Alex y yo estábamos a punto de conocer a algunas nuevas personas. Sólo habíamos asistido a esta iglesia unas pocas veces.

Antes de salir del automóvil, sentí, de una forma nueva, lo mucho que tenía para estar agradecido, todas las bendiciones que había recibido, todo lo que tenía: un nuevo miembro en nuestra familia al mismo tiempo que nos estábamos haciendo miembros de una nueva iglesia, una nueva casa en el campo, a la cual nos habíamos mudado no hacía mucho tiempo. Aunque mi práctica privada de psicoterapia aún no había repuntado, yo tenía una ocupación, no como mucha gente que conocíamos que estaba luchando arduamente.

Pero ¿estaba verdaderamente agradecido? Sí, un poco agradecido . . . en forma general. La presión continua de las facturas que se acumulan tiene una forma de captar la atención, de oscurecer todas las cosas buenas para que no las veamos, de distorsionar la belleza que nos rodea y llena nuestra vida. Es como el goteo molesto de una llave de agua que no se puede arreglar, o en mi caso, como el sonido estridente de un detector de humo que advierte en cuanto a las facturas pequeñas que todavía no se habían cancelado y el pago de la hipoteca que todavía no había sido remitido . . . por segundo mes. La verdad es que la nube de esa presión financiera oscurecía la bella, diáfana luz de las verdades de Dios para que yo no las viera. Aun así, era domingo, y en nuestra familia, los domingos vamos a la iglesia.

Alex se dirigió a su clase y yo me senté. Con cortesía le sonreí a todos los que me miraron mientras buscaban asiento en el auditorio, pero de nuevo, tenía la mente fija en la canasta donde poníamos nuestras facturas, la cual parecía destellar cada vez que entraba a mi casa por la puerta principal. Terminaron los himnos, y de pronto regresé al presente cuando el pastor Gary Brown abrió la Biblia en el púlpito y comenzó a hablar:

"Hemos estado examinado diferentes aspectos del carácter de Dios. Dios se ha identificado a sí mismo en las Escrituras usando muchos nombres. Hoy vamos a considerar cómo Dios se nos ha revelado en lo concerniente a nuestras necesidades: Jehová-jireh. Dios ha tomado sobre sí la responsabilidad de asegurarse de que tengamos todo lo que necesitamos, un mensaje que nos da por su nombre, el que literalmente significa 'el Señor proveerá.' Quiero ser claro: Dios no dijo que proveería todas las cosas que queremos, sino las cosas que él cree que necesitamos. Si Dios ha dicho que se preocupa por nuestras necesidades y que son su responsabilidad, ¿por qué pasamos tanto tiempo ansiosos?"

Me sentí como si tuviera un blanco en la frente con una flecha grande en el medio. El sermón podría haber terminado allí. Mi carga, tan palpable unos momentos antes, fue reemplazada en mi espíritu por una sensación de alivio que no había experimentado en toda la mañana. Esta era sólo mi quinta visita a la iglesia, así que no había forma de que el pastor Brown hubiera podido, en forma consciente, dirigir el sermón a mi situación. Bajé la cabeza a mis manos, y tuve que sonreír por lo oportuno de la reprensión. Dios es el Proveedor. Él sabe lo que necesito. Pensé de nuevo en la canasta en que ponemos las facturas. *Lo primero que voy a hacer cuando llegue a casa es pegar un cartel frente a la canasta que diga: Dios proveerá para todas nuestras necesidades.*

Después del servicio, conversé con el pastor de los niños. Caminamos por el jardín en el ahora agradable aire de otoño, hablando sobre la visión del pastor para la iglesia y para la administración. Alex trató de ser paciente durante esa conversación de adultos. Intercambiamos miradas y nos sonreímos el uno al otro, pero a mi hijito se le hizo difícil soportar una conversación que para él parecía que nunca iba a terminar. Me incliné hacia él y le susurré: "Alex, te has portado muy bien. ¿Qué te parece si camino a casa paramos en un parque?"

Una gran sonrisa me indicó que estaba de acuerdo.

A los pocos minutos, Alex y yo nos dirigimos al automóvil, que ahora era prácticamente el único en el estacionamiento. Le aseguré el cinturón de seguridad en el asiento posterior, pero antes de sentarme detrás del volante, dejé vagar mis ojos a través del pavimento hacia las puertas del frente del edificio de la iglesia. Había llegado con ansiedad y ahora me estaba yendo con esperanza. ¿Cómo podía no estar agradecido?

—Papi, ¡acuérdate de que vamos a ir al parque! —me dijo Alex mientras yo me sentaba en el asiento del conductor.

—Por supuesto, Alex. Pero tú me vas a tener que ayudar a encontrar un parque. Fíjate bien del lado de tu ventanilla.

Íbamos por el camino buscando un parque donde Alex pudiera jugar con la misma intensidad que los cazadores buscan sus presas.

Durante nuestro corto camino vimos un cementerio. A menudo, cuando veíamos un cementerio, yo había usado la ocasión para enseñarle a Alex que cada uno de nosotros tiene un espíritu.

—Mira, Alex, un cementerio. ¿Qué es lo que hay allí?

—Solamente cuerpos, papi. En los cementerios no hay personas, porque cuando mueren, sus espíritus dejan los cuerpos y van a su nuevo hogar.

—Así es, hijo. Oye, ¿dónde está ese parque?

Poco después, Alex gritó: "Mira, allí hay uno. ¡En ese lado!"

El automóvil apenas se había detenido cuando Alex salió corriendo hacia las escaleras, las barras y los toboganes. Hacía muy poco tiempo que Alex se había asustado en la parte superior de un tobogán en forma de tubo en un lugar donde venden hamburguesas. Allí estaba yo, con mi altura de 1,88 metros, tratando de pasar por el túnel. ¡Papá, al rescate! Pero no más. Desde aquel día, de alguna forma, Alex se había convertido en un niño osado. "Alex, ten cuidado," le advertí. "Me estás asustando. Fíjate bien dónde pones las manos y los pies."

Por lo general, Beth estaba disponible para contener a Alex, pero en su ausencia, de pronto sentí que Alex estaba arriesgándose demasiado. Yo tenía razón. Alex ya era un veterano con dos visitas a la sala de emergencias. En su última visita, tengo que admitir que eligió un tiempo oportuno. Allí estaba yo con Alex, en la sala de emergencias, mientras le estaban colocando puntos. Cuando el doctor terminó, dejé a Alex con su tía y ¡corrí a la sala de partos para estar con Beth justo antes de que naciera Aaron! La forma en que Alex estaba columpiándose, colgándose y balanceándose ahora, hacía fácil imaginar otra visita a la sala de emergencias hoy.

—Papi, fíjate, ¡sin agarrarme!

—Eres un campeón, Alex. Pero por favor, ten cuidado. —¿Dónde estaba mi pequeño y tímido Alex?

Después de unos quince minutos, comencé a ponerme inquieto, sabiendo que Beth se estaría preguntando dónde estábamos.

"Vamos, hijo. Mejor nos ponemos en marcha. Mami ya se estará preguntando qué es lo que nos ha pasado."

Entre el Cielo y la tierra

Después de asegurar a Alex en el asiento directamente detrás del mío, tiré de la correa para asegurarme de que estaba apretada. El próximo desafío era encontrar el camino a nuestro hogar en este territorio poco conocido, no porque no supiera cómo había llegado a la iglesia, pero encontrar atajos y explorar nuevos caminos es parte de lo divertido de vivir en un sitio nuevo. Salí a la pista y vi una intersección a poca distancia. Comencé a discar en mi teléfono celular para avisarle a Beth dónde estábamos.

"Mira, Alex, te apuesto a que ese camino nos llevará a casa. Vamos por él." Aunque era un camino rural, estaba bordeado por varias casas estilo hacienda con grandes jardines.

Ring . . . Ring . . .

Con el automóvil detenido en la intersección y el teléfono al oído, miré, como hago siempre, en ambas direcciones. No vi ningún vehículo por lo menos en un kilómetro. Lo que yo no sabía era que en esta intersección desconocida yo no estaba mirando un camino derecho de un kilómetro. A unos cuantos cientos de metros de distancia, justo antes de que el camino hiciera una curva hacia la izquierda, había un descenso profundo en el camino que ocultaba cualquier cosa que hubiera podido estar allí. El camino derecho y sin automóviles era una ilusión óptica mortal.

"Hola, Beth, ¿cómo están las cosas? . . . Bueno, me involucré en una larga conversación después del servicio, luego fuimos a un parque, pero ahora vamos camino a casa. Llegaremos . . ."

"Papá, tengo hambre. ¿Cuándo vamos a llegar a casa?"

Me di vuelta para contestarle a Alex mientras todavía estaba en el teléfono con Beth. Entré a la intersección y entonces . . .

El ensordecedor ruido del metal desintegrándose fue repentino, y enseguida se disipó en silencio. Todo era silencio.

+++

Mientras la inconsciencia daba paso a un estado de desorientación, luché mentalmente para imponer orden al caos. El ínfimo comienzo de un pensamiento me atravesó la mente: *¿Por qué yazco en una cuneta al lado de mi automóvil?* Muchos pensamientos se agolparon en mi mente. *¿Qué es lo que está sucediendo?* Con la primera luz de razonamiento titilando en mi mente aún confusa, me senté, desconcertado. ¿Qué había sucedido? ¿Por qué estaba aquí? Alex —él estaba conmigo, ¿no? *¿Dónde está Alex? ¿Dónde está mi niño?*

No sé cuánto tiempo estuve inconsciente, pero varias personas

---

+++ Escuché un ruido terrible en la intersección a sólo unos pocos metros de la puerta principal de mi casa. Yo había sido bombero y pensé que podía ayudar, así que corrí hacia el lugar donde había ocurrido el accidente. Cuando llegué, Kevin, a quien no conocía en ese entonces, estaba aturdido. La gente le decía que se sentara, y era obvio que estaba desorientado. Primero me dirigí al otro automóvil, pero esas personas parecían estar bien. Luego fui al automóvil de Kevin y vi que en el asiento posterior había un niño pequeño. Me metí lo más que pude para llegar al asiento posterior, pero no tenía idea de si el niñito estaba vivo o muerto. Sabía que no debía tocarle la cabeza, pero le coloqué la mano en el pecho. No pude percibir que respirara. Soy un hombre de fe, así que comencé a orar por ese niño. También le hablé como si me pudiera oír, pero no me respondió. Le dije: "Oye, amiguito, no te preocupes."

Y continué orando.

"Vas a estar bien."

Y continué orando.

"No tengas miedo. No te abandones."

Y continué orando.

"Vas a estar bien, pequeño. Ya llega la ayuda."

No tenía indicación alguna de que Alex estuviera vivo, pero continué orando por él y por su padre.

Dan Tullis +++

---

ya habían acudido corriendo desde sus casas al lugar del accidente. "Quédese quieto. No se mueva," imploró alguien. No lo pude hacer. Cada fibra de mi corazón estaba gritando: *¿Dónde está Alex?* Ahora que estaba de pie todo me sonaba apagado. Me movía en cámara lenta, como si estuviera caminando en el fondo de una piscina. Una y otra vez grité: *"¡Alex, Alex, Alex!"* No obtuve respuesta. El temor hizo que el corazón me palpitara con un ritmo inusual. El silencio se sentía pesado, pero muy pronto fue roto por el sonido estridente de las sirenas.

Y en el momento en que mi mente comenzaba a sentirse sobrecogida de temor, sentí el toque suave de un brazo que me rodeaba el hombro. Me di vuelta para ver la mirada amable de una persona que no conocía.

"Has estado en un accidente automovilístico, hijo. Todavía hay un niño en el asiento posterior del automóvil."

Los bomberos y los policías estaban por todos lados, concentrándose en lo que antes había sido mi automóvil. Antes de siquiera pensar un instante en lo que podría encontrar en el asiento posterior, corrí y miré. Un olor acre y terrible azotó mis sentidos. En medio de miles de pequeños fragmentos de vidrio, tapicería destrozada y metal retorcido, estaba mi hijo, mi primogénito, en quien estaban albergados los sueños de su madre y su padre, con el cinturón de seguridad todavía abrochado —aún en su ropa dominguera. *Él está bien, él está bien. Ha perdido el conocimiento y es probable que tenga una conmoción cerebral, pero va a estar bien.* Sin embargo, en aquel momento de desesperación, lo que yo esperaba no se acercaba siquiera a la dura realidad. Y mientras continuaba mirando fijamente, muy pronto mi esperanza fue vencida por el temor. Alex tenía un corte profundo en la frente que le sangraba. Y ¿qué pasaba con su cabeza? Le colgaba hacia el lado izquierdo en forma extraña, mucho más abajo de lo que debería estar. Sus ojos vacíos e inyectados en sangre miraban hacia abajo.

Alex, hijo mío . . . ¡parece estar muerto! Maté a mi hijo.

Una ola inmensa de incredulidad, horror y dolor devastador me sobrecogió, tratando de tragarme. Al otro lado del automóvil, los paramédicos trabajaban fervientemente, tratando de sacar a Alex para ponerlo en una camilla, mientras intentaban colocarle un conducto para hacer llegar oxígeno a sus pulmones.

Unos momentos después, el oficial médico de más rango consultó con el policía que había llegado primero al lugar del accidente y dijo:
—Necesitamos comunicarnos con la oficina del doctor encargado de la morgue y cancelar el vuelo de MedFlight.

—Sí, señor, pero el helicóptero ya está aterrizando.

El pánico me apuñaló el corazón y comencé a jadear mientras los pensamientos se me agolpaban en la mente en forma incontrolable en medio del caos: *Soy el que causó todo esto. ¿Maté a mi hijo? ¿Qué pasó con las personas del otro automóvil? ¿De dónde apareció ese auto? ¿Iré a la cárcel? ¿Está Alex muerto en realidad?*

Mientras las personas que llegaban al lugar rodeaban la confusión organizada del personal de rescate, me invadió un sentimiento de culpa —el padre que había causado la destrucción en tantas vidas. ¿Estaban condenándome en secreto todas esas personas? Demasiado tarde. La condenación ya había invadido los lugares más recónditos de mi corazón. *Oh, Dios, ¿qué he hecho?*

El temor me atravesó todo el cuerpo como si hubiera sido una descarga eléctrica. Completamente desconcertado sobre lo que debería hacer, me di vuelta cuando una mano se posó en mi hombro derecho e interrumpió mis pensamientos.

"Señor, encontramos este teléfono en el automóvil. ¿Quiere llamar a su esposa?"

¡Beth! ¡Oh, no! Ella estaba hablando por teléfono conmigo cuando ocurrió el accidente. Todavía estaba en casa con Ryan, nuestro bebé de dos días, con Aaron y con Gracie. ¿Qué estaría pensando? ¿Qué fue lo que oyó? Mientras marcaba el número, me esforcé por vencer la creciente tensión que sentía en la garganta.

—Beth.

—Hola, ¿Kevin?

En el instante en que escuché su voz, el dolor y el sentimiento de culpa estallaron en sollozos entrecortados.

—Ay, Beth, ay, Beth, ¡hemos tenido un accidente terrible! —Las lágrimas me bañaban el rostro.

—¿Está muerto? —me preguntó en voz baja y calmada.

—No lo sé. No lo sé. Lo están subiendo a un helicóptero y lo van a llevar al Hospital de Niños. Lo siento tanto, Beth.

—Tengo a los niños. Enfoquémonos en lo que debemos hacer ahora mismo. Te veo en el hospital.

+++

Mientras iba conduciendo, recuerdo haberle dicho a Dios: "Alex es tuyo. Si decides llevártelo, está bien, pero tendrás que darme las fuerzas para soportarlo."

Beth Malarkey,
la madre de Alex

En el preciso caos del esfuerzo de rescate, escuché decir a alguien: "Tenemos un latido, muy débil, pero lo escuché." Para ese momento, Beth había colgado el teléfono y estaba alistando a los niños para hacer el viaje de una hora y media al Hospital de Niños de Columbus.

Corrí hacia el helicóptero, determinado a viajar también con ellos, pero un brazo fuerte se extendió hacia mí, deteniéndome.

+++ El tiempo es siempre muy importante, pero aún más en el caso de Alex. Cuando revisamos a Alex en el lugar del accidente, tenía las pupilas fijas (no respondían a la luz), no podía respirar por sí mismo y era difícil sentirle el pulso. Mi compañero y yo supimos que tenía heridas muy graves y pensamos que probablemente muriera debido a esas heridas. Aun así, hicimos lo mejor posible. Camino al accidente, sentí en mi corazón que debía orar antes de que llegáramos, así que oré en silencio mientras volábamos hacia el lugar del accidente. Ahora entiendo mejor por qué.

Una vez que pusimos a Alex en una camilla, lo llevamos al helicóptero. Kevin nos preguntó si podía orar por su hijo antes de que nos fuéramos. Le dijimos que sí, pero que tenía que hacerlo con rapidez porque teníamos que irnos con urgencia. Kevin comenzó a llorar, y nosotros nos preocupamos de que su oración pudiera tomar demasiado tiempo. Le pregunté si era cristiano, y nos dijo que sí. Le dije que el enfermero y yo también éramos creyentes. Le pregunté si creía que Dios quería sanar a su hijo, y me dijo que sí. Le dije que nosotros creíamos lo mismo. Después de eso le pregunté si me daba permiso para orar por su hijo en el helicóptero. Me dijo que sí, así que le dimos las gracias y nos fuimos.

Una vez que estuvimos en el helicóptero, con rapidez coloqué una mano sobre la cabeza de Alex y oré pidiendo que fuera sanado en el nombre de Jesús. Luego, simplemente le di gracias a Dios por sanar a Alex y tuve fe de que Dios estaba haciendo lo que dice en su Palabra que hará.

A menudo oro por los pacientes mientras volamos —no siempre, pero a menudo.

Dave Knopp, paramédico +++

—¿Es usted el padre? —me preguntó un paramédico uniformado.

—Sí, sí, soy el padre —le dije, tratando de avanzar y de subir al helicóptero.

—Usted puede viajar con nosotros. —Pero luego titubeó por un momento y miró hacia la escena de accidente.

—Perdone, pero, ¿estuvo usted también en el accidente?

—Sí, yo estaba manejando, pero estoy bien.

—Lo siento mucho, señor, pero no puede ir con nosotros. Usted debe ser examinado en nuestro hospital local.

El pánico se apoderó de mí nuevamente. ¿No acompañar a Alex? ¡Imposible! Yo comencé a rogar, pero no me importó.

—Tiene que dejarme ir con mi hijo. De verdad, estoy bien. Tengo que ir con él. Por favor, déjeme ir con Alex . . . ¿por favor?

—Señor, entiendo lo que debe sentir, pero ahora, lo mejor que puede hacer por su hijo es ir al hospital, que lo revisen, y asegurarse de que está bien, y dejarnos hacer lo que necesitamos hacer. Alex es su prioridad. Y también es la nuestra.

—¡Pero estoy bien! —protesté—. Fíjese, estoy caminando bien. Tiene que dejarme ir con él.

En forma firme pero respetuosa, el paramédico me dijo: —Lo siento, señor. Tengo que cerrar la puerta para irnos ahora.

"¡Oh Dios, oh Dios!" clamé orando con desesperación. "Por favor, salva a mi hijo, por favor . . ." Pero eso fue todo lo que pude decir porque me sobrecogieron sollozos de dolor.

El primer paramédico miró a su compañero y dijo con la mandíbula tensa: "Tenemos que irnos ahora."

De Alex
Fui al Cielo

Dejen que los niños vengan a mí. ¡No los detengan! Pues el reino de Dios pertenece a los que son como estos niños.

MARCOS 10:14

Papi no vio el automóvil que venía, pero yo sí. A mí me gusta mirar hacia fuera por la ventanilla de atrás del auto de papi, y eso es lo que estaba haciendo cuando comenzamos a doblar. Yo iba a decirle que venía un auto cuando chocamos.

Durante un segundo antes de que comenzara toda la "acción," hubo un momento de calma. Recuerdo haber pensado que alguien iba a morir. Cuando la calma terminó, escuché el ruido que hace el vidrio cuando se rompe, y vi que los pies de papi salían del automóvil.

Entonces pensé que sabía quién iba a morir. Pero luego vi algo increíblemente fantástico. Cinco ángeles estaban sacando a papi del auto. Cuatro estaban llevando su cuerpo y uno estaba sosteniéndole la cabeza y el cuello. Los ángeles eran grandes y musculosos, como los luchadores, y tenían alas en la espalda que iban desde la cintura hasta los hombros. Pensé que papi estaba muerto, pero que no había problema porque los ángeles iban a hacer que él estuviera bien.

Entonces miré al asiento delantero, el del pasajero, y el diablo me estaba mirando a los ojos. Me dijo: "Sí, es verdad, tu papi ha muerto y es culpa tuya." Yo pensé que el accidente había sido culpa mía porque le hice una pregunta a papi, y él se

15

dio vuelta para contestarla justo antes de que el otro auto nos chocó. No estoy seguro de si vi a papi desde el carro o desde el Cielo. Fui al Cielo muy poco después de que el auto nos chocó, y no estoy seguro del momento exacto en que salí de mi cuerpo. Sé que cuando estuve en el Cielo todo era perfecto.

Esto es lo que sucedió en el auto después de que el otro carro nos chocó. Todo esto sucedió en lo que parecieron unos pocos segundos. Escuché el ruido de vidrios que se rompían, y traté de agachar la cabeza para protegerme. Mientras agachaba la cabeza, vi un pedazo de vidrio en mi dedo pulgar. Entonces fue cuando me di cuenta de que esto era real. Traté de morder a Barney. Sentí dolor en la boca como si tal vez me hubiera mordido la lengua. Comencé a sentir dolor en todo el cuerpo. Pensé que sería el próximo que iba a morir. Pensé que había fuego detrás de mí, porque sentía quemazón en la espalda. Traté de girar la cabeza hacia la parte de atrás del auto, pero no había fuego. Lo único que pude ver fue un gran círculo negro, y algo olía terriblemente mal. Sentí un dolor muy fuerte en la parte de atrás de mi cabeza. Sentí como un cuchillo cortándome el cuello. Entonces me di cuenta de que tenía la cabeza colgando hacia un lado y que no la podía levantar.

Traté de llamar a mi papi, pero no pude escuchar el sonido de mi voz. Pensé que tal vez no podía oír. Entonces pensé que el sonido del choque del carro estaba haciendo eco en mi cerebro. Con los labios dije: "Te amo, papi."

Pensé que el techo del auto se me iba a caer encima. Sentí como que estaba en un avión que estaba volando en el camino. Sonaba como un volcán en erupción que venía hacia mí. Vi inflarse las dos bolsas de aire. Papi voló del auto justo antes de que las bolsas salieran. La ventanilla del lado del pasajero en el frente del auto se rompió. El asiento posterior fue desgarrado por el vidrio que volaba. Tenía pedazos de vidrio en mi mano derecha, en mi axila izquierda, en mi pelo y en mis partes privadas. Sabía que tenía un corte en la ceja porque me goteaba sangre. Sabía que estaba sangrando en mi garganta, mi nariz y mis ojos. Sentí que también el estómago me sangraba por el cinturón de seguridad.

El bombero cortó mi cinturón de seguridad porque estaba trabado. Me pusieron algo en la garganta para que pudiera respirar. Cuando estaba en la camilla, me dijeron que fuera fuerte. Me dijeron que estaba muy herido y que iría al hospital. Dijeron que era un niño valiente.

Fui a través de un túnel largo y blanco que era muy brillante. No me gustó la música del túnel; era una música muy mala tocada en instrumentos de cuerdas realmente largas.

Pero luego llegué al Cielo, y había una música poderosa, que me encantó.

Cuando llegué al Cielo, los mismos cinco ángeles que habían ayudado a papi a salir del auto estaban allí. Me consolaron. Papi también estaba en el Cielo. Los ángeles se quedaron conmigo para que papi pudiera estar a solas con Dios. Papi tenía heridas graves como las mías, pero Dios lo estaba sanando en el Cielo para traer gloria a sí mismo; eso fue lo que Dios me dijo más tarde. Papi le preguntó a Dios si podía cambiar su lugar por el mío, pero Dios le dijo que no. Dios le dijo que me sanaría más tarde en la tierra para traer más gloria a su nombre.

Después de que Dios le dijo que no a papi, el espíritu de papi volvió a su cuerpo al lado de nuestro auto arruinado. Yo podía ver a papi desde el Cielo, tendido en la zanja al lado de nuestro auto.[1]

---

[1] Kevin: "No recuerdo haber estado en el Cielo, pero Alex dice enfáticamente que esto es lo que sucedió."

CAPÍTULO 2

TRES VIAJES

Yo había estado impaciente por llegar junto a Alex,
pero ¿podría lidiar con lo que me esperaba?

LAS LÁGRIMAS ME rodaban por las mejillas cuando las puertas del helicóptero se cerraron. Mientras comenzaba a ascender, me quedé allí preguntándome: *¿Volveré a ver a mi hijito vivo de nuevo?* Sí, eso era lo que tenía que hacer. Tenía que ir al Hospital de Niños de inmediato.

"Perdone, señor. ¿Podría venir conmigo, por favor?"

Eché un vistazo hacia donde venía la voz, medio aturdido y mirando todavía al helicóptero alejarse cada vez más hacia el azul del cielo.

"Señor, perdóneme," continuó el paramédico. "¿Puede venir conmigo?"

Mientras él todavía hablaba, de algún lugar apareció una camilla y el segundo paramédico dijo: —Por favor, acuéstese aquí.

—¿Por qué debo acostarme? —protesté. Mis pensamientos ahora

estaban totalmente enfocados en llegar al Hospital de Niños lo antes posible.

—Tenemos que llevarlo al hospital, señor.

—¿A mí? ¿Al hospital? ¿Por qué necesito ir al hospital? Mi hijo es el que necesita ir, y acaba de irse. Lo siento, pero yo tengo que ir inmediatamente al Hospital de Niños de Columbus. Alex me necesita.

A pesar de toda su cortesía, un cambio rápido de miradas entre los paramédicos reveló su determinación de llevarme al hospital.

—Señor, usted ha estado en un accidente grave —dijo uno de ellos—. Tiene que ser revisado por un médico, y es común entrar en estado de shock después de un evento así. Gracias por venir con nosotros. —Sonrió.

Me sentí desesperado, como un animal enjaulado. El corazón me comenzó a palpitar muy fuerte de nuevo. *No puedo ir a ningún otro lugar. ¡Tengo que ir a buscar a Alex!* Esa ola de desesperación casi me hizo mantenerme en mis trece, pero pude ver que los hombres estaban decididos. Razoné que la forma más rápida de llegar donde Alex era cooperar y hacer lo que me pedían lo más pronto posible. Y sí, era probable que estuviera sufriendo un caso leve de shock, pero me parecía que eran todos los demás los que estaban siendo irracionales. Al caminar hacia la ambulancia, me di cuenta por primera vez de que cojeaba mucho con mi pierna derecha. Me dio un fuerte dolor en el cuello cuando me di vuelta para mirar por última vez el lugar del accidente.

Finalmente, dejé que los paramédicos me colocaran en la camilla y en la ambulancia. Íbamos camino a algún hospital local, con las sirenas sonando muy fuerte y a unos seis kilómetros por hora, o es lo que me pareció. Mientras yacía acostado de espalda, mirando el techo de la ambulancia, mis emociones giraban esporádicamente en todas direcciones: enojo, vergüenza, esperanza, negación, dolor. Al final, el temor y la vergüenza ocuparon el lugar central. ¿Sería en alguna funeraria mórbida la próxima vez que viera a Alex? ¿Cómo podría Beth no odiarme por lo que yo le había hecho a Alex? ¿Qué le había hecho a nuestra familia? ¿No debería odiarme a mí mismo? Esto había sido totalmente culpa mía. ¿Cómo pude haber sido tan descuidado?

En medio de este bombardeo mental, mi mente pasó a gris y luego quedó en blanco. Me sentí envuelto por el shock como si fuera una niebla impenetrable, protegiendo mi atormentada mente de una realidad demasiado dura para enfrentar.

+++

Al poco tiempo, me encontré sentado en el borde de una cama en la sala de emergencias de un hospital local. Sin perturbarse, una enfermera me sacó sangre del brazo —lo cual es un procedimiento legal, aunque no sea necesario desde el punto de vista médico. La muestra de sangre establecería mi nivel de sobriedad. ¿Habría matado este padre a su hijo por no poder dejar de beber? Por lo menos, en ese aspecto yo era inocente.

Llevando consigo las muestras de sangre, la enfermera salió y cerró la puerta, y por primera vez, desde que volví a estar consciente, estuve completamente solo. No se oía ningún ruido, excepto el sonido de una conversación en voz baja en el cuarto de al lado. Me froté el cuello, lo que me causó un dolor agudo, y de pronto el recuerdo del otro automóvil me vino a la mente. ¿Qué había pasado con las personas que viajaban en el otro automóvil? Yo nunca lo vi, no lo había esperado, y ahora, encima de todo lo demás, comencé a preocuparme por la gente que viajaba en él.

De pronto, alguien abrió la puerta.

—¿Qué le pasó al otro automóvil? A la gente del otro auto, ¿cómo están? —pregunté de golpe.

—Están bien. De hecho, están en la sala de al lado —me dijo la persona señalando con el pulgar hacia la pared. Aunque no podía entender lo que hablaban, el escuchar esas voces me llevó a un nuevo estado de desesperación. Mi falta de cuidado había traído una desgracia a personas que ni siquiera conocía. La vergüenza me apretó el pecho como un torno gigantesco, forzándome a respirar en forma entrecortada e inadecuada. Me invadieron la mente dos impulsos encontrados: ¿Me podía hacer invisible y simplemente salir flotando por la ventana para alejarme de este día? Y sin embargo, era preciso que fuera inmediatamente a la sala de al lado, cayera de rodillas, pidiera perdón y misericordia, y les dijera al otro conductor y a los pasajeros lo mucho que lo lamentaba, demostrándoles que yo no era un monstruo irresponsable.

Lo que hice finalmente fue mirar a la pared de donde parecían venir las voces. Si hubiera ido allí, lo hubiera hecho para tranquilizar mi conciencia. Yo era la última persona que ellos querrían ver ahora. ¿Qué les importaba a ellos quién había causado el accidente, y cómo se sentía el conductor en cuanto a eso?

Mientras tanto, otra enfermera había entrado a la habitación y estaba tratando de que yo le prestara atención. "Señor, por favor, venga conmigo. Necesitamos tomarle algunas radiografías."

La seguí y me senté inquieto en otra sala de espera. Escuché un ruido, y miré hacia la puerta encontrándome con los ojos del pastor Brown, quien se había enterado del accidente por una enfermera que era miembro de la iglesia. Su presencia le trajo paz a mi corazón en un momento de agitación que no podía controlar. Se sentó a mi lado y me consoló poniéndome un brazo alrededor del hombro.

—Kevin, sé que está ansioso por su familia. Van camino al Hospital de Niños ahora mismo. Ya saben que usted está bien.

—Pastor, tengo que salir de aquí e ir al Hospital de Niños. Tengo que ver a Alex. Me tienen aquí demasiado tiempo ya. ¿Cuánto falta para que me pueda ir de aquí?

El pastor, entendiendo cómo me sentía, asintió. —Un amigo suyo está en la sala de espera principal —me dijo—. Él está esperando para llevarlo a Columbus tan pronto cómo le den de alta aquí.

—Gracias, pastor. En verdad les agradezco su preocupación.

+++

Las radiografías no mostraron ningún daño grave, así que me hicieron volver a la sala de emergencias . . . para esperar. Pensé en Alex y eso renovó mi sentimiento de urgencia por salir. La puerta se abrió de nuevo, y yo alcé la mirada.

—Señor Malarkey . . . —dijo el médico con una enfermera a cada lado.

—Sí, doctor.

—Necesitamos que se quede en observación por una noche. Mi personal se asegurará de que esté cómodo.

Las enfermeras sonrieron y asintieron. Las sonrisas comenzaron a desaparecer cuando me puse de pie y los miré directamente a los ojos a cada uno de ellos, comenzando con el médico. Había algo que no iba a hacer ni por un instante más, y era estar lejos de Alex. Espero haber dejado eso claro y en forma cortés. Parecieron entender mi resolución, y después de algunas protestas poco entusiastas acerca de lo que era mejor para mí, cedieron.

Con rapidez tomé mis pertenencias, y casi corrí hacia el vestíbulo; lo único que me hacía ir más despacio era la cojera producida por el accidente. Al dar vuelta a la esquina, vi a Kelly antes que él me viera a mí. Yo no lo conocía muy bien, puesto que no habíamos vivido en esta comunidad por mucho tiempo, pero aun así, me di cuenta de que se sentía abatido, como si quisiera no saber lo que sabía. Sin embargo, cuando me vio él sonrió.

—Ah, hola, Kevin. Te puedo llevar al hospital.

—Fantástico —le dije—, gracias.

Kelly me miró con un poco de curiosidad. —¿Quieres pasar por tu casa para recoger alguna ropa?

Yo estaba tan enfocado en ir adonde estaba Alex que había olvidado (¿o todavía estaba en shock?) que todavía estaba vestido con la bata del hospital, la clase que tiene una abertura en la parte de atrás. Me habían cortado la ropa y la habían puesto en una bolsa que yo llevaba debajo del brazo.

"Toma," me dijo Kelly ofreciéndome su chaqueta de cuero. Bata del hospital y chaqueta de cuero —ahora estaba vestido para el viaje a mi casa.

Cuando llegué a mi casa sentí escalofríos en el pecho. Yo sabía que allí no habría nadie. Aun así, la casa me pareció muy oscura, silenciosa y vacía. Mientras miraba los juguetes esparcidos por toda la sala, de pronto me di cuenta de que no había hablado con mis hijos, y sólo muy brevemente con Beth. ¿Cómo se estaba sintiendo ella? ¿Qué les había dicho a los niños? ¿Qué era lo que ellos sabían?

Yo soy el hombre de la familia. Se supone que debo proteger a mi esposa y a mis hijos. Yo no estaba con ellos, no los estaba protegiendo, no los estaba consolando. Yo era la causa de todo esto. La oscuridad de mi espíritu descendió sobre mi corazón como una nube amenazadora. La voz del miedo me susurró: *Beth te va a odiar por hacerle esto a tu familia.* El sentimiento de vergüenza por el presente y el de temor por el futuro me atravesaron el corazón como si fueran garras de la oscuridad. La voz burlona amenazaba ahogar todas las demás voces. La presencia de Kelly fue la provisión de Dios para mí.

Como un video continuo, escenas del accidente —o por lo menos tanto como podía recordar— me pasaban por la mente una y otra vez mientras Kelly conducía el automóvil hacia Columbus. Tenía tantas lagunas mentales que terminaba confundido con cada nuevo intento de entender. Por algún tiempo, Kelly se mantuvo respetuosamente callado, pero finalmente rompió el silencio.

—¿Sabes, Kevin?, desde mi casa, el lugar del accidente está en el camino al hospital.

—¿Así que pasaste por allí cuando fuiste a buscarme?

—Sí —me dijo Kelly con mucha seriedad.

—¿Qué es lo que piensas?

Después de una corta pausa, Kelly continuó, mientras los ojos se le llenaban de lágrimas. —Fue un accidente tremendo, Kevin.

—¿Qué es lo que piensas sobre Alex? —le pregunté buscando desesperadamente un poco de tranquilidad.

—Es difícil saber. Veamos lo que encontramos en el hospital.

Kelly quería prepararme para lo que fuera, pero trató de no ser específico. Eso no resultó para mí. Yo necesitaba respuestas.

—Necesito saber lo que tú piensas, Kelly. ¿Crees que Alex está bien? —De alguna forma era importante para mí escucharlo decir lo que su rostro ya revelaba.

—Kevin, no creo que Alex haya sobrevivido. Creo que Alex se ha ido con Jesús. Lo siento mucho, hermano.

Miré por la ventanilla mientras instantáneamente los ojos se me llenaron de lágrimas, tratando de contener el dolor de esas palabras. Se me rompía el corazón. *Señor, no lo puedo soportar. Por favor, no me hagas decirle adiós, no de esta manera. No porque yo manejé frente a un automóvil que venía por el camino. Ay, Dios, por favor, salva a mi hijo. Por favor, salva a mi primogénito, a mi pequeño compañero, Alex.*

Durante unos pocos kilómetros, Kelly condujo en silencio, mientras olas de dolor y desconsuelo se agolpaban en mi corazón. En medio de todo esto, una solitaria y pequeña voz dentro de mí me dijo que Kelly no podía estar seguro de la condición de Alex. *No dejes de orar por Alex. No dejes de orar.*

Cuando llegamos al Hospital de Niños, Kelly se estacionó, hizo una pausa y me miró.

—¿Vas a estar bien?

—Esto es difícil, Kelly. —Hice una mueca y respiré hondo—. ¿Sabes? Beth y yo hemos pasado por aquí cientos de veces. A menudo hemos hablado de que este es un lugar triste, y dijimos que esperábamos nunca tener que venir acá. Y ahora, estamos aquí.

En pocos minutos, me encontraría con Beth dentro de esas paredes. Todos los recuerdos de las veces en que Beth me había dicho que condujera más despacio y que prestara más atención a lo que sucedía en el camino se me agolparon en la mente. Ella me había advertido docenas de veces que tuviera más precaución, que fuera más cuidadoso con los niños, especialmente cuando jugaba con Alex y Aaron. Yo siempre había pensado que ella era súper protectora y que pasaba demasiado tiempo preocupándose. No hacía mucho que le había dicho: "Oye, tranquilízate, no los he matado." Esas palabras me atormentaban mientras me preparaba para verla.

Fortaleza bajo la presión

Mi Beth es una mujer maravillosa. Sólo hacía un día que había vuelto al hogar después de haber dado a luz a nuestro cuarto hijo, y necesitaba descanso para recuperarse, pero en lugar de eso, cuando colgó el teléfono después de mi llamada, se puso en marcha a toda velocidad, preparó a los niños para el viaje de hora y media hasta el hospital en Columbus, el cual quedaba a unos cien kilómetros de distancia de nuestra casa. Mucha gente se desmorona bajo presión. Pero Beth no. En medio de las situaciones más estresantes, Beth mantiene la calma. Tal vez haya un fuego de emociones ardiendo en su corazón, pero no conozco a nadie que, como ella, pueda controlar completamente esas emociones naturales y hacer lo que debe ser hecho sin dar la más mínima indicación del trauma que la sobrecoge. Qué bendición tan maravillosa eran esas cualidades ahora.

Beth no pensó mucho cuando la línea se cortó durante nuestra llamada telefónica original; vivimos en una zona rural y eso sucede a menudo. La segunda llamada fue obviamente muy diferente. Hasta cierto punto, Dios la había preparado para esto ayudándola a sobreponerse a una variedad de dificultades previas. Para decirlo en forma simple, mi esposa puede funcionar muy bien en situaciones difíciles.

Beth no necesitaba decirle nada a nuestro hijo de dos días ni a nuestra hija de dos años acerca de las circunstancias; no hubieran entendido lo que les decía. Ella sí le dijo a Aaron, nuestro hijo de cuatro años, que había sucedido un accidente automovilístico y que tenían que ir al hospital para ver a su hermano. Aaron lloró y ella lo pudo consolar momentáneamente. Luego puso a los tres niños en la furgoneta y comenzó el viaje hacia el hospital.

Mientras iban por el camino, Beth recibió una llamada de la sala de emergencia del Hospital de Niños de Columbus.

—¿Estoy hablando con la señora Malarkey, la madre de Alex Malarkey?

—Sí, soy yo.

—Señora Malarkey, ¿nos puede decir si Alex es alérgico a alguna medicina?

Por segunda vez, Beth formuló una pregunta vital: —¿Va a sobrevivir mi hijo? —Y por segunda vez, recibió una respuesta exasperadamente vaga.

—Es un caso muy serio, señora Malarkey.

Muy pronto después de eso, Beth llamó a su hermana, Kris. Le dijo lo poco que sabía sobre la situación. Kris es enfermera de profesión y es una persona siempre dispuesta a apoyar y a compenetrarse. Después de una breve conversación, Beth siguió conduciendo. Ella dice que nunca condujo a más de la velocidad límite durante todo el trayecto, y yo lo creo. En realidad nunca la he visto exceder el límite de velocidad. Esa es Beth: una roca bajo presión.

Cuando Beth entró al estacionamiento del hospital, vio a un hombre que usaba el uniforme de la compañía MedFlight. Dio marcha atrás con rapidez, bajó la ventanilla y le dijo: —Tengo un hijo de seis años que recién fue traído aquí en helicóptero. ¿Estaba usted en ese vuelo?

El hombre caminó hacia ella. —Sí, señora. Me llamo Dave.

—¿Está bien mi hijo? ¿Fue muy grave el accidente?

Mirando a Beth a los ojos, Dave dijo: —Tengo una pregunta para usted.

—¿Sí? —dijo Beth sorprendida.

—¿Es usted cristiana?

—Sí —le dijo Beth preguntándose hacia dónde iba esa conversación.

—Entonces escúcheme —continuó Dave mirando fijamente a Beth a los ojos—. Usted va a ir a la sala de trauma y va a escuchar algunas cosas horribles. De hecho, le van a decir que su hijo va a morir. Pero yo le impuse las manos a su hijo y oré por él en el nombre de Jesús, y le digo que él no va a morir.

»Ahora, usted definitivamente tiene una parte en todo esto. El Señor ya ha comenzado la sanación, pero cuando llegue allí, el temor va a atacar sus pensamientos. No le estoy diciendo que vaya allí a discutir. Sea cortés y escuche; ellos saben de lo que están hablando. Pero tan cierta como es toda la información de ellos, la Palabra de Dios puede cambiar todo eso. Yo oré por su hijo en el nombre de Jesús, y su hijo no va a morir. Pero si usted va allí y se pone de acuerdo con todo lo que ellos le dicen y comienza a hablar eso, él morirá. Usted negará lo que ha comenzado cuando oré por él. Pero si cada vez que siente miedo o que escucha un informe malo le da gracias a Dios por la sanidad, él hará su parte. ¿Lo entendió?

—Sí —dijo Beth asintiendo con convicción—. Lo entendí.

—Bueno, entonces quiero que me repita lo que le acabo de decir que tiene que hacer.

Con diligencia, Beth le repitió sus instrucciones.

—Muy bien —dijo Dave con aprobación—. Dios la bendiga.

+++

Cuando mami me dijo que Alex tenía muchas heridas, yo me asusté muchísimo y no sabía qué hacer. Yo creía que mami estaba mintiendo cuando dijo que tal vez Alex se había muerto, porque yo no creí que eso pudiera ser cierto.

Aaron Malarkey,
hermano de Alex

+++ Justo antes de comenzar a hablar con Beth, me sentí lleno de valor. Le dije que el personal médico le iba a decir que Alex moriría. Sin embargo, yo había orado por Alex en el nombre de Jesús y tenía la certeza de que él iba a vivir. Lo que ella debía hacer era seguir teniendo fe y darle gracias a Dios continuamente por la sanidad de Alex. Le advertí que si se dejaba vencer por el temor y comenzaba a decir que Alex moriría, eso era lo que iba a suceder. Pasé varios minutos recordándole que Dios cumple su Palabra y que Alex estaba siendo sanado mientras nosotros hablábamos. Mientras me alejaba caminando, esa valentía me abandonó, y pensé: *¿Qué es lo que hice? Estoy en problemas ahora.* Sin embargo, no hablé nada contrario a que Alex sería sanado; simplemente continué dándole gracias a Dios.

Dave Knopp, paramédico +++

Con eso, Beth se dirigió a la unidad de traumatología.

Beth caminó apresuradamente al lugar donde estaba la recepcionista, con nuestros tres hijos menores a su lado.

—Disculpe, me llamo Beth Malarkey. Mi hijo William Alexander acaba de ser internado. ¿Puedo ver a mi hijo?

—No, señora, temo que eso no es posible en este momento.

—Si él va a morir, quiero decirle adiós mientras está vivo. ¡Usted tiene que dejarme ver a mi hijo!

A pesar de los ruegos de Beth, la respuesta continuó siendo un firme no. La tristeza y el temor se transformaron en frustración y cólera. "¡Esto es increíble! ¿Cómo es posible que no me dejen ver a mi hijo?"

Yo llegué unos noventa minutos más tarde. Beth todavía no había recibido información acerca de las lesiones de Alex y no le habían dicho nada acerca de su estado. Durante las siguientes horas, en forma repetida nos informaron que la situación era seria y que los médicos lo estaban atendiendo. No podríamos ver a Alex o recibir ninguna información sobre él hasta que lo llevaran a la unidad de cuidados intensivos.

Ninguna culpa

Cuando entré al hospital, un grupo de cuarenta personas ya se había reunido para orar por nosotros y apoyarnos. Algunos eran familiares; otros eran amigos de nuestra iglesia actual y de la iglesia previa, y aun había otros que no conocíamos. Todos estaban ansiosos de ver que yo estaba bien, por lo menos físicamente. Pero cuando entré a la unidad de cuidados intensivos sólo pude ver un rostro en la multitud.

Cuando los ojos de Beth se encontraron con los míos, se agolparon en mi mente recuerdos de los cientos de veces que ella me había dicho que condujera con más cuidado, que disminuyera la velocidad, que prestara atención al camino y no al disco compacto o a la radio. Y ¿qué de las veces en que había jugado en nuestro patio con Alex y Aaron, riendo y haciendo cada vez más locuras, mientras Beth estaba en segundo plano preguntándome si estábamos teniendo cuidado? "Tranquilízate," le decía siempre. "Todo está bien. No seas tan superprotectora." Yo estaba seguro de que ella también estaba pensando en eso.

Cuando la miré, se entremezclaron dentro de mí sentimientos de alivio, consuelo, dolor y profunda tristeza. Olas nuevas de culpa azotaron mi torturado corazón. Ella me abrazó con cariño y amor, pero en lo más profundo de mi ser no me sentí merecedor de eso.

—Beth, ¿está vivo Alex?

—Creo que sí. Creo que está luchando, pero no lo he visto, y no me han dicho casi nada.

En aquel instante, el dolor estrujó mi corazón con tanta intensidad que me desplomé en los brazos de Beth.

—Ah, Beth —sollocé mientras me apoyaba en ella pidiéndole misericordia—, por favor, perdóname. ¡Por favor, perdóname! Lo siento tanto. He destrozado a nuestra familia.

Los sollozos me sacudían mientras el dolor me sobrecogía en una marea que no parecía amainar. Por un instante, me atreví a mirar a Beth a los ojos, preparándome para recibir la condenación que esperaba encontrar. Pero no fue así. Cuando miré sus ojos oscuros, lo único que encontré fue misericordia. Beth me abrazó con fuerza, cubriéndome de cariño, comprensión y amor. Sin ira ni amargura, sólo amor.

—Kevin, esto le podría haber pasado a cualquiera. Fue un accidente. Por supuesto que te echas la culpa. Así es la naturaleza humana. Pero cuando las cosas se calmen, te darás cuenta de que no es verdad. Cariño, no te condenes. Dios no lo hará y tampoco ninguna otra persona.

Yo no estaba seguro de que ella estuviera en lo cierto en cuanto a esto, pero sí estaba seguro de que ella era sincera. Si Beth hubiera guardado amargura o me culpara por esto, yo me habría dado cuenta por su voz y por su lenguaje corporal. Su aceptación era el salvavidas que yo necesitaba con desesperación en ese momento.

—Así que sácate todo eso de la mente —me dijo—. Lo único que quiero saber es si estás bien. ¿Estás seguro de que no tienes ninguna herida?

—Estoy bien. De hecho, me siento mucho mejor después de haberte visto. Gracias.

Caminos separados nos habían reunido a Alex, a Beth y a mí en el hospital. Sin embargo, lo único que sabíamos era que la vida de Alex colgaba de un hilo y que ese hilo podía cortarse en cualquier momento . . .

De Alex
Veo todo desde el techo

Pues él me ocultará allí cuando vengan dificultades;
me esconderá en su santuario. Me pondrá en
una roca alta donde nadie me alcanzará.

SALMO 27:5

Cuando llegamos al hospital, yo estaba viendo todo lo que sucedía desde un rincón de la sala de emergencias, cerca del techo. Jesús estaba de pie a mi lado.

No tenía miedo. Me sentía seguro.

Los médicos estaban muy ocupados, trabajando en mi cuerpo, que en esos momentos se veía casi color azul. Los médicos hablaban mucho sobre mí, y no tenían muchas cosas buenas que decir. Ninguno pensaba que iba a sobrevivir. Uno de ellos dijo: "Tal vez vuelva." Pero mayormente los que estaban allí estaban tristes y hablaban mucho de que yo no iba a sobrevivir.

Mientras todos hablaban de que no iba a vivir, Jesús me dijo que yo iba a sobrevivir el accidente. También me dijo que iba a respirar por mí mismo después de algún tiempo.

Entonces miré hacia abajo y vi cuando me estaban colocando un tornillo de acero en la cabeza y dijeron que me iba a doler. (Más tarde escuché que eso era para medir la presión que tenía en el cerebro.) Entonces comenzaron a ponerme algo a través de la garganta, y Jesús me llevó al Cielo.

Jesús no quiso que yo viera lo que me hicieron porque él no quería que yo me acordara más tarde y tuviera miedo.

Vi a ciento cincuenta ángeles puros, blancos y con alas fantásticas, todos diciendo mi nombre. Si uno no supiera que son amistosos, darían mucho miedo. Después de un tiempo, todos dijeron: "Alex, regresa." Yo regresé, pero Jesús fue conmigo y me sostuvo en sus brazos durante todo el tiempo que estuve en la sala de emergencias.

CAPÍTULO 3

72 HORAS

Los médicos habían hablado . . . y
ahora esperábamos en Dios.

POR FIN UN asistente médico nos llevó a Beth y a mí a un pequeño salón de conferencias. El médico quería hablar con nosotros en privado. Nos pareció que esperamos durante horas a que llegara. Después de intercambiar unas pocas palabras de cortesía, él sacó una radiografía de la zona lesionada en la base del cráneo de Alex. No se necesitaban conocimientos médicos para darse cuenta de la horrible verdad que revelaba la imagen oscura. Algo dentro de mí no pudo aceptar que esa era una fotografía de la columna vertebral de Alex. En forma instintiva miré hacia el extremo inferior izquierdo de la radiografía: *WILLIAM ALEXANDER MALARKEY*. Esas tres palabras eran tan terminantes, tan inequívocas. Todo pensamiento de que la situación no fuera tan mala desapareció.

El médico cruzó la sala hasta llegar a una pizarra blanca y dibujó una columna vertebral normal y a su lado dibujó la de Alex. Era fácil ver lo que estaba mal. La primera vértebra debajo del cráneo había sido separada de la segunda vértebra y se encontraba colocada en un ángulo de cuarenta y cinco grados.

Dándose vuelta hacia donde estábamos nosotros, el médico comenzó a hablar: "Debo ser franco con ustedes. La situación de Alex es extremadamente seria. Las lesiones que involucran este alineamiento de la columna vertebral virtualmente siempre terminan en la muerte. De hecho, al presente, Alex es mantenido vivo por medios artificiales. A su favor tiene una constitución joven, pero si sobrevive, la naturaleza de estas lesiones llevará a ciertos resultados, y es mejor ser realistas en cuanto a ellos. Dada la severidad y la ubicación de la lesión —lo que quiero decir es su proximidad a la base del tronco cerebral, y al trauma que sufrió la corteza cerebral—, si Alex sobrevive, razonablemente no se puede esperar un funcionamiento normal del cerebro. Alex nunca respirará por sí mismo, y debajo del cuello no se podrá mover. Esta lesión impedirá que Alex pueda ingerir alimentos. Actualmente está recibiendo fluidos en forma intravenosa, pero si sobrevive, tendremos que instalarle un tubo de alimentación para que pueda recibir nutrición directamente al estómago. Y finalmente, si sobrevive, nunca podrá hablar. Entiendo que todo esto es muy difícil de escuchar. Lo siento mucho."

Tubo de alimentación, función anormal del cerebro, parálisis —mi mirada se posó en el piso, fija, en total incredulidad. Todo fue tan abrumador que lo tuvimos que asimilar por partes, pero el médico había hablado. Nosotros tendríamos que lidiar con eso. La información fue tan terrible y la escala de ella tan cercana al límite de tolerancia que mi mente pasó al estado de aceptación involuntaria. Más tarde yo pensaría en forma más coherente sobre los detalles.

La experiencia de Beth, como Dave le había hablado en el

+++ Tratar de entender la magnitud de las heridas de Alex era abrumador. Como cuando se mira sobre la baranda al Gran Cañón; la mente es incapaz de captar la enormidad de lo que se ve.

No nos explicaron hasta mucho después por qué, desde el punto de vista médico, no se suponía que Alex sobreviviera. Había sufrido una decapitación interna: el cráneo se había desprendido de la columna vertebral. La piel, los músculos y los ligamentos eran lo único que le unían la cabeza al cuerpo.

Unos meses después recibimos una radiografía que nos envió un profesional médico, y que había sido tomada un poco más de una hora después del accidente. Esa radiografía era de la parte inferior del cráneo de Alex y de la parte superior de su médula espinal, y mostraba claramente que las vértebras de Alex estaban separadas de la cabeza.

No sólo nadie nos había mencionado esto ni a mí ni a mi esposa, sino que nunca ha habido un procedimiento médico para volver a unir el cráneo a la columna vertebral.

Kevin Malarkey +++

estacionamiento, fue completamente diferente. Ella no estaba aceptando nada de lo que había escuchado. Yo todavía tenía la vista clavada en el piso cuando ella habló. Mirando directamente al médico a los ojos, con confianza dijo tres palabras: "Usted está equivocado."

Di un grito ahogado, totalmente avergonzado. Este médico era el jefe de un equipo de cirujanos de primera, todos los cuales habían estudiado el caso de Alex. Estábamos bajo el cuidado de una de las mejores unidades de traumatología del país. ¿Quién era ella para cuestionarlos? Le coloqué una mano en el brazo para tratar de que dejara de hablar. Ella debía tranquilizarse y aceptar la realidad, tal como yo lo estaba haciendo. Beth se apartó de mi toque. No tenía intención de retroceder.

"Alex va a estar bien. Su salud será totalmente restaurada, y su historia tendrá impacto nacional, llevando esperanza a miles de personas."

Bueno, me dije, *ya está perdiendo la razón*. Miré al médico, seguro de lo que él estaba pensando, aunque tengo que reconocer que él escuchó a Beth con genuina preocupación, asintiendo con la cabeza con compasión. Yo no tenía ni un pensamiento en la mente sobre Alex ayudando a otros. Yo sólo quería que mi hijo estuviera bien. Quería que mi propia culpa se disipara. Yo quería que mi hijo recobrara la conciencia por tiempo suficiente como para pedirle perdón, una conversación que ya había tenido en la mente miles de veces desde el accidente que había ocurrido hacía apenas unas horas.

Pero Beth sólo estaba comenzando.

"Sé que usted no me cree, pero él *va* a mejorar, y quiero decir que va a estar completamente sano."

Me recosté en el asiento, completamente incapaz de detener el drama. El buen médico continuó asintiendo con la cabeza en forma respetuosa. Yo estaba seguro de poder leerle la mente: *Otra pobre mujer sobrecogida por un arrebato irracional provocado por las terribles noticias que no quiere que sean verdad . . . lo he visto miles de veces. Esta es una oportunidad para demostrar mi cortesía.*

Sin embargo, también sabía que el médico estaba equivocado, por lo menos en cuanto a Beth. Ella nunca se aparta de la realidad en una crisis. Ella mantiene la calma y es imparcial bajo la presión más intensa. Las palabras que le dijo al médico eran una proclamación de confianza; no se estaba haciendo ilusiones absurdas. Era como si ella supiera algo que no nos habían dicho al resto de nosotros. Por cierto que yo no podía ver a qué futuro milagroso se refería. Todo lo que yo podía ver era la radiografía y el horrendo pronóstico que la acompañaba.

"Espere y lo verá. Será un fenómeno médico. La historia de Alex inspirará a gente por todo el país. Les dará esperanza a personas que ya la han perdido."

Lo que fuera que tenía ella, yo no lo tenía. El médico terminó de escuchar, y con cortesía se disculpó y se retiró.

+++

Lo que estaba sucediendo ahora parecía irreal. Los recuerdos me venían de lugares profundos. Meses antes de que Alex naciera, yo le había escrito un poema, partes del cual parecían extrañamente relevantes ahora:

NIÑO AMADO

Hay tanto que quiero

Decirte

Enseñarte

Experimentar contigo

Por ahora, quiero compartir contigo algunos de mis dolores

Serás expuesto a un mundo

Muy diferente del vientre de tu madre . . .

Hijo bendito

Lo que más quiero enseñarte

Es sobre el lugar de donde viniste

Y adonde tal vez regreses . . .

Beth y yo confiábamos y creíamos que Dios, aun antes de que Alex naciera, tenía planeada una vida especial para él. Ahora, en el silencio del hospital, yo tenía que enfrentar el fin de esos planes, por lo menos en la tierra.

+++

Cuando regresamos a la sala de espera, había aún más gente reunida. Algunos hablaban y otros oraban. Compartimos las noticias que habíamos recibido de los médicos, y entonces todos los que estaban en la sala se tomaron de las manos y comenzaron a orar. Muchas oraciones en voz alta fueron enviadas al trono de Dios en ese momento.

En realidad, en esos primeros días de tanto sufrimiento, nos volvimos a Dios una y otra vez. No recuerdo mis propias oraciones ni la mayoría de las de otras personas, pero hubo una oración que penetró la oscuridad que sentía el día después del accidente.

Nuestro ministro, el pastor Brown, había esperado a que todo el mundo orara, y luego, después de unos instantes de silencio, elevó su voz: "Oh Señor, sabemos que Alex está contigo, aun ahora. Los médicos han hablado. Y ahora, Señor, estamos esperando tu palabra sobre esta situación."

Una oración simple y poderosa. Sí, ¿qué es lo que Dios tenía que decir sobre la situación de Alex? La oración del pastor Brown fue de mucho consuelo. Por supuesto que nada podía suceder fuera de la supervisión de Dios. Yo necesitaba aferrarme a esa verdad. Y lo hice . . . por un corto tiempo.

+++

Mientras Beth y yo esperábamos para ver a Alex aquel primer día, mentalmente, yo regresé al día del nacimiento de Alex. Otro hospital, un día de alegría. Yo había estado al lado de Beth, pero me cubrí los ojos en el momento de la operación cesárea porque no me quería desmayar. Y luego, el momento indescriptible cuando él ingresó a nuestras vidas. . . . La enfermera cortó el cordón umbilical y me dijo:

—¿Quiere sostener en sus brazos a William Alexander?

—¿Es ese su nombre?

Beth me miró. —Eh, Kevin, es el nombre que elegimos si teníamos un varón, ¿recuerdas? —Sonrió.

—Oh sí, es verdad —asentí—. William Alexander, el nombre de mi padre.

+++

Mi padre, el doctor William Malarkey, que es endocrinólogo y director del Centro de Investigación Clínica de Ohio State University, estaba dando una conferencia en algún lugar de Europa. ¿Le habría informado alguien sobre el accidente? Mientras me encontraba en la sala de espera, rodeado de familiares y amigos que estaban orando, una nueva clase de preguntas me invadió la mente como si fueran puñales.

Si Alex muere, ¿iré a la cárcel por homicidio vehicular?

¿Les causé heridas a las personas que iban en el otro automóvil?

¿Perderemos nuestra casa?

¿Estaría Beth pensando: "Sabía que esto iba a ocurrir debido a todos los riesgos que él toma. Si me hubiera escuchado, esto nunca hubiera ocurrido"?

¿Están siendo amables todos los que están aquí, y las personas que estaban en el lugar del accidente, pero en realidad piensan que soy una persona terrible, y que Alex tiene un padre que da lástima?

Aquel primer día, el temor, la duda y los sentimientos de culpabilidad me atravesaban la mente, lo que es de esperarse en esas

+++ Yo estaba participando en una conferencia médica en Europa cuando ocurrió el accidente. De hecho, le estaba sacando fotos a un niño tetrapléjico y con respirador sentado en una silla de ruedas en un parque de París. Al mismo tiempo, a miles de kilómetros de distancia, en Ohio, aunque yo no lo sabía, mi nieto estaba siendo transportado en un helicóptero de MedFlight y enfrentaría una situación similar a la de ese niño. Cada vez que veo una foto de la Torre Eiffel, recuerdo que yo acababa de mirar esa torre con todas sus luces cuando recibí la llamada telefónica que me informó sobre el accidente.

Dr. William Malarkey, el padre de Kevin +++

circunstancias, pero resulta destructivo y no tiene sentido. Yo sabía que esos pensamientos no venían de Dios; venían directamente de mi adversario, el diablo. Pero saber la verdad acerca de ello no era suficiente. Me sentía casi abrumado. Tenía que luchar contra eso. Tenía que rechazar la voz falsa y apoderarme de la verdad. Comencé a aferrarme a la única esperanza que tenía: *Dios me ama. Dios ama a Alex. Dios ama a Beth y a nuestros otros hijos.* La paz de Dios estaba allí, a mi disposición, pero yo tenía que recibirla rechazando al Acusador y escuchando la Voz de la Verdad. *Escucharé la Voz de la Verdad.*

+++

Me llegó otro recuerdo . . . uno feliz. Alex tenía apenas unos días de nacido, cuando lo tomé en brazos y le mostré el estadio de Ohio.

"Mira, hijo," le dije mientras lo colocaba en la dirección del estadio, "¡allí es donde juega nuestro equipo de fútbol, los Buckeyes!"

Sí, yo había planeado este rito de iniciación con mucha anticipación. Cuando nos registramos en la sección de nacimientos, justo antes que Alex naciera, yo me las había arreglado para conseguir la sala del hospital que tenía la mejor vista del estadio. Ahora, en esta sala de espera del hospital, me preguntaba: *¿Por qué estoy pensando en eso en estos momentos?*

+++

Por fin un empleado del hospital llegó para llevarnos al cuarto de Alex. Estábamos a punto de entrar en una sala del hospital muy diferente a la de mi recuerdo. Yo nunca había estado en una sala de cuidados intensivos. Mientras caminaba por el pasillo, pensé que era extraño que ninguna de las salas tuviera puerta. Sólo unas cortinas muy poco atractivas nos separaban de las muchas familias y del trauma que las sobrecogía. Aunque eran cortinas comunes y corrientes, tenían el tremendo poder de ocultar, de las personas que pasaban, el dolor dentro de cada sala. La mirada vacía de desesperación y angustia era lo que se veía en las que tenían las cortinas abiertas. Los niños que miré se veían tan enfermos y muy mal. Me dije a mí mismo que Alex se vería muy diferente, mucho mejor.

Cuando dimos vuelta en una esquina y entramos a la sala de Alex, di un grito ahogado. La escena era abrumadora. Era como si hubiéramos entrado al centro de comando de alguna guerra diabólica. Alex yacía flácido, con los ojos cerrados, en una cama en el centro de la sala. Estaba completamente rodeado por una enorme cantidad de monitores, cables, tubos y una cantidad sin fin de artefactos médicos. Un respirador, muy a la vista, le estaba proveyendo oxígeno a sus pulmones.

Sin embargo, a pesar de los lugares donde obviamente había sufrido trauma y de los tubos que tenía conectados al cuerpo, se veía bastante normal, por lo menos a primera vista. Gracias a Dios, la evidencia visible del accidente fue muy poca, sólo unas cuantas raspaduras y un corte profundo que había sido cerrado con puntos.

No obstante, un momento después, los helados dedos del temor de nuevo me apretaron el corazón; él se veía . . . exánime. ¿Cómo se puede describir lo que siente un padre o una madre al ver, sin poder hacer nada, el cuerpo herido de su hijo? Sin embargo, en ese mismo momento, algo muy dentro de mí creyó que Alex sobreviviría —no me atreví a pensar en qué condición, pero desde ese momento en adelante, se arraigó en mí la seguridad de que Alex viviría, y esa seguridad nunca fue alterada.

Por favor, Dios, ayuda a nuestro hijo.

+++

Recordé cuando unos pocos años atrás había orado con Alex para que recibiera a Jesús como su Salvador. Él era muy pequeño, pero muy sincero. ¡Qué privilegio tan grande! Alex sabía que quería ir al Cielo algún día, y comprendió que no podía ir simplemente "siendo un buen niño." El Cielo no se puede ganar como otras cosas. Alex sabía que necesitaba que alguien pagara el precio por su pecado —por las cosas malas que haría en la vida— para poder aceptar el don de ir al Cielo y estar con Dios.

Debo admitir que me hice preguntas en cuanto a la sinceridad de su fe. ¿Qué puede entender un niño sobre las profundidades de la fe a esa edad? De seguro que los niños repiten en forma automática las palabras y las ideas que los adultos les inculcan, sin entender realmente la verdad.

Unas pocas semanas después de que Alex hiciera la oración de invitar a Jesús a vivir en su vida, puse a prueba su fe.

—Alex, ¿vive Jesús en tu corazón?

—No, papi.

El corazón me dio un vuelco. Eso es, pensé. Su oración había carecido de sentido . . . pero entonces Alex continuó: —Jesús murió por mis pecados, pero él no vive en mi corazón, no cabría. El Espíritu Santo está ahora en mi corazón.

Así que Alex entendió; Jesús había muerto por sus pecados y dejó al Espíritu Santo como su Consolador y Consejero. Aprendí la lección en ese preciso momento. Un niño pequeño puede entender las cosas que Dios quiere que sepa.

+++

De pronto, mi consciencia se trasladó al presente. Allí estaba, mi amado hijo, yaciendo frente a mí. Me consolé con el hecho de que el Espíritu Santo estaría con Alex siempre, pero ¿me permitiría Dios estar de nuevo con Alex en este mundo?

¿Qué otra cosa podía hacer sino clamar a Dios por misericordia? No lo sabíamos en aquel entonces, pero aun los mejores médicos admiten con rapidez que no entienden muy bien estas situaciones. Lo único que yo podía hacer era rogarle a Dios que nos ayudara.

Oh Dios, perdóname por lo que he hecho. Por favor, permite que le pueda pedir perdón a Alex. Por favor, protégelo. Por favor, consuélalo. Por favor, sé su Padre celestial, porque su padre terrenal no puede hacer nada. Te doy a mi hijo. Te lo entrego; es tuyo. Por favor, ayúdalo desde el tope de la cabeza hasta la planta de los pies. Pongo mi confianza en ti, Dios. En el nombre de Jesús, amén.

De alguna forma, en la misericordia de Dios, cuando terminé esa oración sentí que una nueva sensación de calma me inundaba el espíritu. ¿Había ocurrido alguna clase de transferencia espiritual? Mi teología ya había resuelto el asunto de que Dios estaba en completo control de la situación. Dios ya había puesto sus brazos alrededor de Alex, pero, ¿había cambiado algo fundamental en el Cielo debido a mi oración de entregar a Alex completamente a Dios . . . de renunciar a lo que de todas formas no podía conservar? De alguna forma me pareció que sí.

Beth y yo nos quedamos allí mirando a nuestro hijo en silencio. No sé por cuánto tiempo. En la quietud, puse un brazo alrededor de ella, probablemente más para mi consuelo que para el de ella. El estado de coma llevó a Alex a un lugar en el cual no lo podíamos alcanzar. Miraba a mi hijo lesionado con el corazón angustiado preguntándome: *Hijito, ¿te sientes solo? ¿Tienes miedo? ¿Quieres que te tome en brazos? Cuánto quisiera poder tomarte entre mis brazos.*

+++

Recordé lo mucho que le gustaba a Alex ir a la iglesia. Pertenecíamos a una iglesia en la que la gente no usa ropa formal para asistir a los servicios. Mayormente, la gente usa ropa cómoda y los niños van vestidos como van a la escuela. Pero no es así con Alex. Él decidió que quería ponerse terno para ir a la iglesia. Aun cuando papi usaba pantalones color caqui y una camisa de vestir, aun cuando el pastor casi nunca usaba terno, Alex quería usarlo. Él nunca ha sido del tipo que sigue a la manada. Nunca usó terno para ir a ningún otro lugar. Quería estar bien vestido para Dios.

Y luego pensé en otra faceta de la personalidad de Alex: el niño que quería pasar tanto tiempo como le fuera posible al aire libre. Recordé el día en que se sintió totalmente feliz mientras caminaba descalzo en el jardín, haciendo crujir las hojas caídas del otoño con los dedos de los pies. "Papi," me preguntó, "¿no te encanta el sonido que hacen las hojas debajo de tus pies?"

+++

En algún momento, durante nuestra primera noche en el hospital, nos llevaron a un cuarto designado para los padres de los niños que se encuentran en la unidad de cuidados intensivos. Nuestros otros tres hijos habían ido a casa de unos amigos, y pronto nos encontramos solos en la cama, mirado en silencio al techo. ¿Qué acababa de suceder en nuestras vidas? ¿Qué nos traería el día de mañana? ¿Sobreviviría Alex esa noche? ¿Dónde estaba él en realidad? El accidente había traumatizado su cuerpo. El coma lo había llevado muy lejos. ¿Cuándo regresaría? *¿Regresaría* en realidad?

Oh Señor, te necesitamos ahora . . .

Completamente exhaustos, nos dormimos.

+++

Durante la primera semana, ni Beth ni yo dejamos el hospital; no teníamos interés de estar en otro lugar. Al mismo tiempo, nos llegó ayuda de todos lados. El primer grupo que se formó para ayudarnos fue el de nuestros amigos y nuestra iglesia, guiados por el pastor Brown. Pero muy pronto, el creciente número de hombres y mujeres que rodeó a Alex y a nuestra familia sólo se podría describir como un ejército.

Nuestros hijos estuvieron con nosotros prácticamente todo el tiempo, pero en algunas ocasiones en que no lo estuvieron, estaban siendo amados y cuidados por familiares y amigos. Por ejemplo, unas cuantas mujeres hicieron turnos para acunar, darle de comer y cambiarle pañales a nuestro bebé recién nacido cuando Beth no podía estar con él. Alguien organizó que nos trajeran todas las comidas. Otra persona se encargó de que tuviéramos ropa limpia y de que se lavara la ropa sucia, así como de proveernos todos los artículos de higiene que necesitábamos. Otra persona se encargaba de hacer los mandados. Nos llegaba tanta comida que, en un momento dado, hubo una línea de cafetería en la sala de espera de la unidad de cuidados intensivos. Esto sucedió durante muchos días, a medida que la gente reemplazaba y traía comida fresca. Nos llegaron tantas tarjetas con notas, oraciones y versículos bíblicos, que cada centímetro cuadrado de las paredes del cuarto de Alex estaba totalmente empapelado. Los médicos y las enfermeras estaban asombrados y comentaron que nunca habían visto tal despliegue de amor.

Una corriente permanente de hombres de Dios —ancianos, diáconos, pastores y líderes laicos— junto a muchas mujeres piadosas llegó de todo lugar en el estado. Eran comunes las historias de personas que "sintieron que Dios les había tocado el corazón para que vinieran." Un pastor viajó dos horas en automóvil sólo para visitar a Alex. Puesto que llegó después de las horas de visita y no estaba en el horario previamente estipulado, el hospital le negó la entrada a la sala de Alex. Sin inmutarse, regresó a su hogar, sólo para regresar al día siguiente y conducir de vuelta a su hogar, pasando la mayor parte del día orando por Alex. Durante esos primeros pocos días críticos, muchos grupos locales de jóvenes también vinieron, cantando himnos de adoración y alabanza en la sala de Alex. En cualquier momento dado, nunca había menos de cinco personas en la sala de Alex durante las horas de visita.

En poco tiempo, había tantos visitantes que alguien organizó un horario de visitas para poder incluirlos a todos. Aún más importante, otra persona organizó una vigilia de oración en la sala de Alex durante toda la noche. Cada dos horas, durante toda la noche, había alguien orando por Alex, y esto se realizó durante varios meses. No hemos conocido a muchos de esos santos. Estaban sirviendo a Dios sin reconocimiento alguno, para su gloria.

El ministerio a Alex y a nuestra familia generó tanta actividad que el hospital también tuvo que organizarse para poder manejar el tránsito de personas. El personal del hospital imprimió grandes cantidades de pases que tenían impreso el nombre de Alex y el número de su sala. Nos dijeron que generalmente Alex tenía más visitantes que todo el conjunto de pacientes de la unidad de cuidados intensivos, una situación que estos santos trataron de remediar de inmediato.

El ministerio de oración, visitación y bendición que comenzó con Alex muy pronto se extendió a las otras familias de la unidad de cuidados intensivos. En esto, Dios reservó una bendición especial para Beth y para mí. Habíamos estado totalmente dedicados a Alex y a su cuidado, lo cual es comprensible, pero cuando nos unimos a los que habían venido a visitar a Alex y fuimos de sala en sala en la unidad de cuidados intensivos para consolar a otros y orar por otras personas, Dios hizo algo en nuestro corazón. Esos encuentros con otras familias que estaban experimentando pruebas muy duras fueron un recuerdo conmovedor, en medio de nuestro dolor, de que había muchas otras personas pasando por el mismo sufrimiento que nosotros. Nos ayudó a poner las cosas en perspectiva, a mirar hacia afuera y a ver bajo una luz nueva las bendiciones que Dios estaba derramando con tanta abundancia en nuestras vidas.

Si usted estaba buscando buena comida y buena confraternidad cristiana a mediados de aquel mes de noviembre, no había mejor lugar que el Hospital de Niños y el ministerio que creció alrededor de Alex. Jamás podremos agradecer en forma apropiada a los miles que nos bendijeron con todo lo que nos dieron sin tener ningún interés personal. Si alguna vez hubo un tiempo cuando la iglesia envolvió a almas necesitadas en sus brazos de amor, nosotros lo experimentamos.

Ah, una cosa más. ¿Y la cantidad de cuentas sin pagar que se desbordaba de mi canasta en mi hogar, y que me había preocupado tanto antes del accidente? Desapareció. Nunca tuve la oportunidad de ponerle el rótulo "Dios proveerá" en un costado. Un hombre muy bueno, a quien siempre respeté mucho, fue a nuestra casa sin decirle a nadie durante la primera semana que estuvimos en el hospital. Tomó la canasta completa y pagó cada una de las cuentas hasta el último centavo, lo cual era una suma muy grande. Pero estas cosas tienen una forma de saberse. *Gracias, Dios, por tus maravillosos santos.*

De dos en dos

El tercer día después del accidente, sucedió algo inesperado. Una enfermera se dirigió a mí y me preguntó: —Señor Malarkey, ¿puedo hablar con usted en privado?

—Por supuesto.

Salimos al pasillo y ella comenzó a hablar, vaciló, y luego comenzó de nuevo: —Ah, señor Malarkey . . . sé que comprenderá, y estoy segura de que estará de acuerdo, que de ahora en adelante tenemos que limitar las visitas de Alex a no más de dos personas a la vez en su sala.

—Por cierto que lo entiendo, y espero que esto no haya surgido debido a que nuestros amigos han abusado nuestros privilegios de visita. Si es así, quiero pedirle que nos disculpe por . . .

—¡Oh, no, señor! Nada de eso, le . . . le aseguro —replicó enseguida—. El número de visitantes ha sido enorme. Pero todos han respetado minuciosamente las reglas del hospital.

—Oh, me alegro. Pero entonces, ¿por qué han cambiado la regla?

—Bueno —ella vaciló, tratando de buscar las palabras y mirándome de soslayo—, en realidad no es un cambio, es, bueno, una pauta que deberíamos seguir.

Asentí, pero mi mente pensaba a toda velocidad tratando de entender. En ese momento, había veinte personas en la lista de espera del vestíbulo, dispuestas a ingresar, cinco por vez, para orar por Alex, al igual que en las previas setenta y dos horas. Muy pocas veces acepto algo porque simplemente me lo digan, y esto no tenía sentido. ¿Por qué era esta regla tan importante hoy, y no lo había sido ayer o anteayer? Era claro que había algo que ella no quería decirme. Entonces se me prendió la lamparita.

—Los médicos han llegado a la conclusión de que Alex va a vivir, ¿no es verdad?

La enfermera asintió, un poco cohibida, y luego, inclinándose, me susurró en tono confidencial: —Hace doce años que trabajo en esta unidad, y *nunca* he visto a un niño sobrevivir la clase de lesión que tiene su hijo . . . *nunca*.

Setenta y dos horas había sido el lapso de tiempo que los médicos habían enfatizado. Habían estado mirando el reloj. Los que trabajaban en la unidad no habían esperado que Alex llegara a este día y que su corazón siguiera latiendo.

El corazón me dio un vuelco de alegría mientras me apresuraba a ir al vestíbulo, reunía a todas las personas allí, les decía la nueva regla y les expliquaba la razón. Vitorearon y todos alabaron a Dios. Se reorganizó la lista de visitantes en grupos de dos. Una vez que estaban allí, podían orar todo el tiempo que pensaban que necesitaban, y luego tenían que darle su lugar a otra persona. Para acomodar a la corriente continua de personas, nos pusimos de acuerdo en que no habría conversación en la sala excepto con Dios. Todo el tiempo, Alex tendría a dos personas orando al lado de su cama.

+++

Mientras estaba sentado al lado de Alex un día de esa semana, me vino a la memoria otro recuerdo. Apenas unos meses antes, Alex realmente había dado un gran salto mientras andaba en bicicleta en una pista local. Alex y yo estábamos en la cima de la colina más alta de la pista cuando volví la cabeza para ver adónde había ido Aaron. En ese instante, Alex comenzó a bajar por la enorme colina. Aunque mis emociones estaban casi fuera de control mientras lo miraba bajar a gran velocidad, ¡él llegó abajo sin caerse! También había aprendido a dar una vuelta de carnero en el aire en el trampolín de un amigo.

+++

Cuando Alex se pueda mover otra vez, vamos a hacer una carrera de bicicletas.

Gracie Malarkey,
hermana de Alex

Unas semanas más tarde, Alex estaba en el lugar perfecto para hacer la vuelta de carnero que había practicado: ¡al costado de una piscina! Nos dio un susto mortal, pero aterrizó perfectamente. Antes del accidente, Alex era un poco tímido socialmente, y se pegaba mucho a su mami y papi; pero sin embargo, en lo referente a las actividades físicas, era muy intrépido.

Ahora, mientras estaba sentado al lado de la cama de mi hijo, no pude dejar de preguntarme: ¿Qué pasaría con él ahora? ¿Tendría alguna vez la oportunidad de actuar con tanta intrepidez de nuevo?

De Alex
Dentro de las puertas

*Te conocía aun antes de haberte formado en
el vientre de tu madre; antes de que nacieras,
te aparté y te nombré mi profeta a las naciones.*

JEREMÍAS 1:5

El Cielo no es el mundo venidero; es ahora.

El Cielo no está allá arriba en el firmamento; está en todos lados y en ningún lado.

El Cielo es un lugar que no es un lugar. Es eterno. Todos los demás lugares terminan.

El Cielo es un lugar sin pasado, presente o futuro . . . es siempre ahora.

Cuando estaba en el auto, traté de mover las piernas. Me di cuenta de que no las podía mover. Fui a través de una luz y escuché música.

Entonces estuve en la presencia de Dios. Él tenía un cuerpo que era como un cuerpo humano, pero era más grande. Sólo lo pude ver hasta el cuello, porque como dice la Biblia, a nadie se le permite ver el rostro de Dios o esa persona morirá. Tenía puesta una túnica blanca que era muy brillante. Me miré de nuevo las piernas y las pude mover de nuevo.

Aun ahora, mientras les digo esto, siento en el corazón lo mismo que sentí cuando sucedió.

Todo era perfecto.

Mi papi me contó acerca de un hombre que escribió acerca de pasar tiempo en el Cielo. Él también tuvo un accidente de auto muy grave como yo, y fue al Cielo y escuchó música increíble y vio colores gloriosos, como yo. Pero ese hombre vio a personas que había conocido en la vida y que le habían hablado de Jesús. Cuando yo estuve en el Cielo enseguida después del accidente, no vi a ninguna persona; sólo vi a Dios, a Jesús y a los ángeles.

Pero cuando yo escuché la historia, le dije a mi papi que ese hombre no estaba en el Cielo.

Mi papi se sorprendió. Me dijo que ese hombre era pastor y que él creía lo que decía. Le dije a papi que la historia del hombre era verdad; lo que pasó es que, técnicamente (es una de mis nuevas palabras favoritas), el hombre estuvo afuera de las puertas del Cielo. Entonces mi papi me dijo que ¡eso es lo que el hombre dice en su libro!

Le pregunté a papi: "Él no vio a Dios o algún ángel, ¿no es cierto?" Papi me dijo que eso es lo que el hombre dijo en su libro. También le dije a papi que el hombre no había estado allí mucho tiempo. Papi me dijo que era cierto; que había estado allí sólo como una hora y media. Papi me preguntó cómo sabía yo eso. Es porque él no vio mucho de las cosas buenas, le dije. Todos los seres celestiales están dentro de las puertas. Dios debe de haber querido que él regresara a la tierra enseguida.

Cuando yo fui al Cielo, llegué a la parte de adentro de las puertas. Yo estaba con seres celestiales, pero la otra gente que vino al Cielo estaba afuera de las puertas.

Las puertas son realmente altas y son blancas. Todo brilla mucho, y parece que tienen escamas como un pescado.

Yo pienso en las cosas que están afuera de las puertas como en el Cielo exterior. Yo estaba en el Cielo interior, y todo es más brillante y más intenso dentro de las puertas.

Hay un hoyo en el Cielo exterior. Ese hoyo va al infierno.

Más tarde, mi papi me pidió que le describiera más de las diferencias entre el Cielo interior y el Cielo exterior, pero le tuve que decir que no se me permite compartir algunas cosas. Dios me dijo que no lo hiciera. No sé por qué; es lo que él me dijo. Le pregunté a mi papi si estaba enojado por eso, pero él me abrazó y me dijo que obedecer a Dios es más importante que cualquier otra cosa.

Pero sí puedo decir que dentro de las puertas es el lugar que Dios ha preparado para nosotros. Es más brillante y tiene más colores. Es imposible describirlo . . . ¡es glorioso!

La parte afuera de las puertas es como una sala de espera. Las cosas no se mueven afuera como se mueven adentro. Se mueven, pero no es lo mismo. No puedo describirlo.

Ese otro hombre que pasó tiempo en el Cielo tiene razón: la música es hermosa. Él dijo que es como muchas canciones al mismo tiempo, pero que suenan como una sola canción. Yo no pensé que eran muchas canciones al mismo tiempo, sino muy intensas. Es maravilloso. Me gustaron mucho las arpas dentro de las puertas. La música no es como la música aquí. ¡Es perfecta!

Perfecto es mi palabra favorita para describir el Cielo.

CAPÍTULO 4

SE REÚNE UN EJÉRCITO

*La verdad es que la historia de Alex había pasado los
límites de nuestra familia, de nuestra iglesia y aun
de nuestra comunidad local. Las personas sintieron
que este era un asunto que involucraba al Cielo.*

TRES DÍAS DESPUÉS del accidente, me desperté y fui a la ducha. Había
dormido a intervalos y la sensación del agua caliente corriéndome por
el rostro era agradable mientras me preguntaba si Alex estaba experimentando algo parecido al sueño. ¿Qué era lo que le estaba sucediendo? ¿Dónde estaba él? Habían pasado los primeros tres días . . .
pero ¿permanecería dormido para siempre?

Desde el punto de vista médico, había muchas preguntas sin respuesta, muchas incertidumbres. Beth y yo hubiéramos dado lo imposible por hacer algo práctico para que Alex mejorara sus posibilidades.
Lo mejor que podíamos hacer era orar, y teníamos que recordarnos
que esa era una contribución importante.

Pero sentíamos que había algo más que podíamos hacer: podíamos
hacérselo saber a toda persona que creía en el poder de la oración y

que pudiera estar de acuerdo para que intercediera en oración delante de Dios por Alex.

La gente llamaba y llegaba al hospital en forma continua ocupando los pasillos desde el momento en que comenzaban las horas de visita; nunca pensamos tener tantos buenos amigos y personas que nos amaban y que además haríamos tantos nuevos amigos. Pero queríamos extender esa noticia por todos lados, en Columbus, en Ohio, y hasta lo último de la tierra, si era posible, para que los guerreros de oración de todos lados apoyaran el caso de Alex. Habíamos escuchado casos de milagros que sucedieron cuando el pueblo de Dios fue diligente en presentar sus peticiones delante del Señor. Sin embargo, simplemente no estábamos preparados para la profundidad de los encuentros que pronto tendríamos en oración cuando fuimos rodeados de un grupo de santos que llamamos el Ejército de Alex.

¿Cristianos "muy amables" o guerreros de oración?

¿Cuántas veces escuchamos decir que una persona es "muy amable"?

¿Pero es eso realmente de lo que se trata nuestra fe? ¿No es posible parecer una persona amable, sonriente, que dice las palabras correctas para dar la impresión de estar cerca de Dios? ¿No revela algo que Jesús, el apóstol Pablo, y todos los otros grandes santos de la fe *nunca* fueron descritos como personas amables?

Dios había tenido cuidado con el lugar en el que nos había colocado, no entre las personas "amables," sino entre verdaderos hombres y mujeres de Dios, soldados de la Cruz, que estaban listos para entrar en campaña. Estas eran personas que comprendían la guerra espiritual de formas que la mayoría de nosotros nunca entiende.

Lo que es más sorprendente es que estas personas también eran *prácticas*. Algunas servían a Dios con el corazón, otras con las manos, pero las personas que nos rodeaban sobresalían en ambas, la fe *y* las obras. Mientras Alex yacía allí en estado de coma y nosotros lo observábamos en shock y estupefacción —mientras nuestros otros hijos nos necesitaban— Dios usó el ministerio de personas centradas en oración que nos apoyaron y nos ayudaron a seguir adelante en la lucha por la recuperación de Alex.

Con rapidez, nuestras vidas se entrelazaron con las de aquellos guerreros de oración de maneras que nunca olvidaremos mientras tengamos vida. Una de esas personas tenía un nombre muy inusual.

+++

Tengo una fe fuerte, pero soy un hombre débil. Por favor, oren pidiendo que Dios me dé fuerzas continuamente, y para que no sea víctima de los dardos de fuego del maligno.

PrayforAlex.com, anotación de Kevin Malarkey el 10 de diciembre, 2004

Paisano Graham

Ni el nombre *Paisano* ni *Graham* aparecían en su certificado de nacimiento. Él tenía la distinción de un sobrenombre doble. La primera palabra venía de su agradable acento del campo, la segunda por una notable pasión de hablarle a la gente del Señor —una versión campesina de Billy Graham. Lo que hacía que el sobrenombre de ese hombre fuera tan singular era que él era un dentista exitoso que vivía en uno de los suburbios más afluentes de la ciudad de Columbus.

Como conocía la sabiduría espiritual de Paisano, me sentí muy animado al verlo entrar a la sala de Alex durante el primer día completo que pasamos en el hospital. Él habló con nosotros durante unos pocos minutos, y muy pronto se convirtió en una presencia consoladora, al describirnos tiempos de enfermedad y problemas en su propia familia, y explicarnos la forma en que la oración había hecho la diferencia, y la forma en que podía hacer lo mismo por nuestro Alex.

Una pregunta me había estado dando vueltas en la mente, y se me ocurrió que Paisano tal vez fuera la persona indicada para contestarla. Pero era la clase de pregunta que yo quería formular con mucho cuidado.

—Paisano, ¿puedo preguntarte algo? —le dije con reserva—. Me siento un poco reacio a formularte la pregunta, porque no quiero que te hagas una idea equivocada.

—¡No te preocupes por eso! —me dijo Paisano con su acento peculiar—. ¿Qué es lo que tienes en la mente, Kevin?

—Bueno, desde que Alex era muy pequeño, tuve el fuerte sentimiento de que algún día tal vez fuera pastor. ¿Sabes? Lo he observado muy cuidadosamente y sé que es sensible espiritualmente y especial de muchas formas. Y comencé a sentir que algún día sentiría un llamado al ministerio.

Moví la vista hacia abajo para mirar a mi pequeño hijo quien había suscitado en mí esas nobles ideas, las cuales ahora parecían refutadas por todas esas máquinas, conductos y tubos de alimentación intravenosa que tenía conectados caóticamente al cuerpo en toda dirección.

—Entonces, bueno, desde el accidente, me he estado preguntando si el diablo podría estar detrás de todo esto . . . quiero decir, causando el accidente. Porque si yo fuera el diablo y viera a este niño que tiene mucho potencial para servir a Dios, yo querría sacarlo del mapa, ¿verdad?

Paisano comenzó a asentir y a sonreír como si supiera exactamente lo que yo estaba diciendo.

—Bueno, no me interpretes mal —agregué con rapidez—. No estoy tratando de quitarme la responsabilidad por lo que hice. Fui *yo* el que estaba detrás del volante y no el diablo. Nunca he sido la clase de persona que dice "el diablo me hizo hacer esto" cuando derramo un vaso de leche, y *no* estoy tratando de echarle la culpa a alguien invisible . . .

Paisano echó atrás la cabeza y soltó una carcajada. Puso su enorme mano en mi hombro, y casi sentí ruido.

—Dios te bendiga, hermano. Te comprendo. Y lo que quieres preguntar es si el diablo quiere matar a tu hijo. Y yo te digo: "¡Obvio!"

Entonces movió una mano hacia el otro lado de la sala, donde la gente oraba. Continuó: —Sí, *señor*, yo creo que el diablo quiso matar a tu hijo, pero ¿sabes qué? Como siempre, ¡todo lo que logró fue revolver el avispero!

Me detuve, miré y escuché el apacible susurro de las voces que oraban y que llenaban la sala como música suave. Paisano tenía razón. Lo único que había logrado el diablo era movilizar a los santos para que clamaran a Dios. Con qué rapidez se habían organizado para esparcir el amor de Cristo al suplir nuestras necesidades y servir como un enorme testimonio a todos los que pasaban por las puertas del Hospital de Niños. De pronto me sentí imbuido de un poder enorme.

"El Espíritu que vive en ustedes," escribió el apóstol Juan, "es más poderoso que el espíritu que vive en el mundo" (1 Juan 4:4). Desde que había visto al helicóptero llevarse a mi hijo, me había sentido como que no podía hacer absolutamente nada. Ahora, de una manera muy práctica, me estaba dando cuenta de que hay otras formas de ver las cosas. Usted puede ver la vida como una máquina impersonal que no provee un manual del usuario, o la puede ver como una batalla espiritual en progreso, en la cual un ejército de oración puede hacer una diferencia real.

Nuestro ejército ya estaba en la primera línea, y yo estaba comenzando a sentir aliento por su presencia.

A medida que continuamos hablando sobre estas cosas, alguien que estaba cerca de nosotros me sugirió que saliéramos de la sala de Alex y que pasáramos a una sala vacía al otro lado del pasillo. Yo pensé que estábamos haciendo esto por consideración a la gente que quería orar. Pero tan pronto como llegamos allí, Paisano me empujó a una silla. Entonces reunió a todos en círculo alrededor de mí. ¡Esto era para mí! Era lo último que yo esperaba, y me sentí un poco incómodo. Pero todo lo que pude hacer fue seguir la corriente. Todos los presentes me impusieron las manos mientras Paisano se arrodillaba a mis pies. Me pidió que extendiera las piernas completamente. Entonces me sostuvo los pies en el aire y comenzó a orar.

"Señor Dios," dijo, "necesitamos tu sabiduría ahora mismo para poder entender cómo orar y qué pedir. Úsanos como vasos para tu poder sanador." Los otros susurraron su afirmación a esa oración. "Estamos aquí por Alex, amado Señor," continuó, "pero ahora te presentamos a su padre, Kevin, ante ti. Él también es una víctima de este accidente. Sánalo en todo, mente y cuerpo. Tú eres el Médico por excelencia; coloca tu mano sanadora en él, te pedimos, en el nombre de Jesús."

Paisano Graham terminó de orar, volvió a poner mis pies en el suelo, y me dijo: —Ya terminaste.

—¿Qué dijiste? —le pregunté.

—No vas a tener ningún problema físico como secuela de este accidente —me dijo—. Dios te está fortaleciendo para que tú puedas ser fuerte para tu familia.

El arte de orar

Yo tenía algunos dolores como resultado del accidente. Todavía cojeaba un poco y cuando doblaba el cuello en cierta forma, sentía un dolor punzante. Es común tener problemas físicos por años debido a la clase de contorsiones que sufre un cuerpo en un accidente como el nuestro. El malestar y el dolor que sentía en el cuello no desaparecieron inmediatamente, pero algo sí sucedió: después de la oración de Paisano —y hasta hoy—, nunca he necesitado medicamentos o ayuda médica de ninguna forma para esas lesiones y no tengo secuelas del accidente.

Miré alrededor de mí a esos fieles amigos que con suavidad me habían impuesto las manos en los brazos y en los hombros, pidiéndole a Dios que interviniera para darme sanidad. Sólo el día anterior me había estado preguntado: *¿Qué es lo que piensa esta gente de mí?* Esto es lo que pensaban: me amaban y querían lo mejor que Dios tenía para mí.

Sentí vergüenza por haber dudado de ellos. ¿Con cuánta frecuencia era injusto con otros por asumir lo peor sobre ellos? Yo todavía tenía mi propio sentimiento de culpa con el cual lidiar, pero fue un alivio muy grande saber que había hermanos y hermanas en Cristo que no me juzgaban, y que oraban por mí cuando me era muy difícil orar por mí mismo. El amor que me demostraron me llenó de nueva energía para orar por Alex.

Sin embargo, Paisano Graham no había terminado de hablar y tenía una pregunta para todos. "¿Hay aquí alguna persona que tiene un pecado no confesado en su corazón? No podemos acercarnos a Dios en forma efectiva cuando ocultamos el pecado en nuestra vida. Él no nos escuchará. Lo único que logramos cuando oramos sin examinarnos a nosotros mismos es obstaculizar la oración. Debemos preparar nuestros corazones, así que si aquí hay alguien que tiene que arreglar cuentas con Dios, ahora es el momento de hacerlo. Traigámosle esos pecados a Dios y recibamos el perdón que él ofrece. Seamos lo más puros que podamos antes de tomar la enorme tarea de orar por este niñito. Tomemos un momento cada uno para reflexionar en silencio. 1 Juan 1:9 dice: 'Si confesamos nuestros pecados a Dios, él es fiel y justo para perdonarnos nuestros pecados y limpiarnos de toda maldad.' Confesemos nuestros pecados a Dios, y unámonos para orar por Alex."

Hubo muchas sesiones de oración increíbles durante este período, pero esta y la del pastor Brown en la sala de espera la noche anterior verdaderamente se destacan. Se podía sentir palpablemente la presencia de Dios entre nosotros.

En oración, reiteramos que habían hablado los médicos y que queríamos que Dios nos hablara. Oramos por el cerebro y el cráneo de Álex, oramos por su respiración, por la sanidad de su columna vertebral, y finalmente pedimos que la puerta que conduce a la muerte estuviera cerrada con llave para él. Sabíamos que el Cielo lo estaba esperando algún día, pero creíamos que Dios tenía más para que él hiciera en este mundo. Como siempre, Paisano fue el que guió este ataque.

Una o dos semanas después hubo un servicio a mitad de semana, y de nuevo la congregación oró por Alex mientras nosotros hacíamos vigilia en el hospital. Paisano sintió que algo le tocaba el corazón durante esta oración, y comenzó a llorar en forma incontrolable. Cuando me enteré de eso, lo llamé por teléfono.

—¿Qué es lo que sucede, Paisano? —le pregunté—. ¿Qué fue lo que te hizo llorar?

—Tuve una sensación maravillosa. Kevin, en el Cielo están sucediendo algunas cosas con respecto a Alex. El Espíritu de Dios se está moviendo. Lo sentí cuando estábamos orando juntos, y me sentí sobrecogido por la emoción.

La ciencia y la soberanía de Dios

El testimonio de la ciencia dijo que Alex estaba inconsciente y que no estaba respirando por sí mismo —físicamente estaba incapacitado para moverse. En lo que respecta al mundo, Alex yacía quieto en estado de coma. Los médicos sentían que había muy poca esperanza de que sobreviviera. Y aun si el cuerpo de Alex resistía la crisis, estaba la cuestión de su función mental. Su cerebro había sufrido una lesión traumática, y nos habían dicho que el dulce niñito de seis años de edad que habíamos conocido nunca nos volvería a hablar.

Pero el testimonio de Alex es que él estaba tan despierto como Beth, los otros niños y yo. Como ya ha leído, tiene recuerdos detallados de la forma en que sucedió el accidente. Recuerda cuando los hombres lo sacaron del automóvil y le dijeron que era un niño valiente. Recuerda haberme visto entrar en la ambulancia, después de que el helicóptero había despegado, y sin embargo no recuerda el viaje en el helicóptero en el cual participó.

¿Cómo podemos explicar estas cosas? Por cierto que Alex sabe lo que vio, escuchó y sintió; nunca ha estado indeciso sobre ninguno de esos detalles. Él nos ofrece lo que recuerda, y a cada uno nos queda sacar nuestras propias conclusiones. Al escuchar su relato, me parece que Dios le permitió a mi hijo ver todo lo que sucedió en el lugar del accidente. Luego el espíritu de Alex fue llamado a lo profundo del Cielo para los eventos notables que iban a ocurrir allí.

La ciencia nos presentó hechos crueles y devastadores: el cerebro casi se separó de la médula espinal, la pelvis estaba quebrada y tenía lesiones traumáticas en el cerebro. Además, las lesiones en su médula espinal estaban a la altura de las vértebras cervicales C1-C2 —tan arriba que la médula espinal y el cerebro formaban un campo masivo de lesiones. Eso sólo, por lo general, es suficiente para causar la muerte. Además, todavía existía la posibilidad de más daños. Durante los primeros días que siguieron al accidente de Alex, los médicos estaban preocupados particularmente por la posibilidad de hinchazón en su cerebro, y como consecuencia, del aumento de la presión dentro del cráneo. Los cirujanos conectaron un monitor al cerebro de Alex para monitorear su presión intracraneal. Los médicos me explicaron esto, así como Alex más tarde, según lo vio desde su ventajoso punto de vista, describiendo el dolor que le había causado.

Existen hechos científicos y existe la soberanía de Dios. Rodeado de guerreros de oración, se me recordaba la verdad de que Dios no está controlado por lo que nosotros sabemos. Yo estaba determinado a derramar mi corazón ante Dios con la esperanza de que las predicciones de la comunidad médica fueran erróneas. Muy pronto se me uniría mucha más gente de la que jamás podría haber imaginado.

La unidad de cuidados intensivos, una casa de oración

Nunca he estado en un ambiente tan lleno de oración como durante el tiempo en que Alex estuvo en coma. Con tanta gente buena orando por nuestro hijo e intercediendo por otros niños en la unidad de cuidados intensivos y por personas necesitadas identificadas en nuestro sitio en Internet, la sala de cuidados intensivos del hospital se convirtió en tierra santa.

El grupo que apoyaba a Alex comenzó a ser una presencia importante en el hospital. Al igual que la primera luz del amanecer aparece en el horizonte bañando todo de luz, la gente que había venido a ministrar estaba por todas partes.

Nuestra sección del hospital comenzó a parecerse y a sentirse cada vez más como una iglesia. Algunas personas cambiaron sus grupos celulares de estudio bíblico de su sala de estar a la unidad de cuidados intensivos. Durante semanas, otros vinieron todos los días para vernos y para orar. Fue raro que la tragedia de mi hijo pudiera crear tan gozosa confraternidad, unidad y ministerio. Pero Dios obra de maneras misteriosas.

Algunas veces Dios reveló sus planes a través de alguien que vino a orar por Alex. Una vez, mientras mi amigo Jay estaba de pie conmigo al lado de la cama de Alex, me miró con nerviosismo y me dijo: —Tengo algo que compartir contigo.

—Claro. —Sonreí—. ¿Qué es?

—Anoche estaba en casa pensando en Alex —dijo—. Comencé a orar por él, y de pronto Dios puso algo en mi corazón. Kevin, me di cuenta con absoluta seguridad de que Alex va a ser completamente sanado.

+++

Las vértebras estaban completamente desprendidas. El tejido que envuelve a la columna vertebral estaba cortado cerca de la base del cerebro. La herida era tan grave y tan alta en la columna vertebral que es simplemente increíble que Alex haya sobrevivido.

Dr. Raymond Onders, el doctor del actor Christopher Reeve y de Alex

Lo miré a los ojos, sin saber qué decir. Jay no era la clase de persona dada a proclamaciones dramáticas y sobrenaturales; nunca antes lo había escuchado decir nada por el estilo.

Le puse la mano en el hombro y asentí, en un esfuerzo de aparentar que yo estaba aceptando lo que él me decía. Pero él no había terminado. Con más emoción en la voz, continuó: —Cuando era joven, una tarde recibí una llamada del hospital. El médico me dijo que mi padre estaba enfermo, pero me aseguró que no era grave. No sé por qué, pero en lo profundo de mí no le creí. De alguna forma supe que mi padre iba a morir. No me preguntes por qué, sólo lo supe. Te podría llevar a esa casa y mostrarte el lugar exacto en donde me encontraba de pie cuando sucedió eso. Muy pronto después de que colgué el teléfono, mi padre murió. Sentí dolor, pero no me sorprendí en absoluto. Yo *sabía* que eso iba a suceder. ¿Entiendes?

—Ah —dije, sin poder encontrar qué responderle.

—Desde aquella vez hasta ahora —continuó—, nada como eso me había vuelto a ocurrir. Es decir, hasta anoche, cuando de pronto sentí que Alex va a ser completamente sanado.

Pensé mucho acerca de lo que Jay había dicho. Fue similar a lo que Dave, quien había estado en el helicóptero con Alex, le había dicho a Beth. Luego estaba la misma Beth, quien había expresado cierta clase de profecía sobre el pronóstico de Alex, incluyendo que su historia iba a bendecir a personas por todo el país. Hubo muchas declaraciones o historias extraordinarias durante este corto tiempo, provenientes de diferentes personas. Todas tenían en común un mensaje consistente de esperanza y sanidad para Alex.

Yo quería creer. Quería que todo fuera cierto, pero estaba muy lejos de recibirlo.

Unos pocos días más tarde, Jay se volvió a reunir con nosotros en el hospital y pidió hablarme a solas. Yo estaba ansioso por escuchar lo que él me iba a decir en ese momento. Pero Jay se veía mucho menos cómodo que la vez anterior, como afligido.

—No quiero decirte esto —me dijo.

—Pero espero que me lo digas —repliqué.

Después de un angustioso silencio, Jay dio un suspiro profundo y finalmente comenzó a hablar.

—Kevin —me dijo—, sé que siempre has creído que Alex estaba destinado a ser pastor. Estoy aquí para decirte que va a ser más que eso. Va a ser más como Billy Graham.

De nuevo, me pareció raro que este amigo particular me dijera cosas tan sorprendentes. Estoy seguro de que pudo ver que yo tenía los ojos muy abiertos. Al igual que mucha gente, yo tiendo a poner a Billy Graham en un pedestal. Hay creyentes, y también hay *Billy Graham*.

—Pero su impacto será diferente —continuó mi amigo—. El ministerio de Billy Graham fue enseñarle a la gente a tener una relación personal con Dios a través de Jesucristo. Alex va a salir de su estado de coma, y su ministerio será mostrarle a la gente *cómo es Dios*. Pero al igual que Billy Graham, tu hijo tendrá un impacto en todo el mundo.

Lo miré fijamente con varias palabras medio formadas en los labios, pero no emití sonido alguno. *¿Mostrarle a la gente por todo el mundo cómo es Dios? ¿Es eso lo que Alex va a hacer?* No es que yo estuviera opuesto a esa idea, pero la incongruencia de eso me imposibilitó poner los pensamientos en palabras.

Mi amigo me rescató. —Te dije que no te lo quería decir. Me pone a mí tan incómodo como pareces estar tú. Suena como una locura, Kevin, lo sé, y es probable que pienses que estoy loco. Pero lo *sé*. Sé en el corazón que es verdad, al igual que sé que el sol brilla hoy, de la misma forma que supe que debía ser fiel y darte este mensaje aunque yo no quería hacerlo.

Esos días en que la cabeza me daba vueltas continuaron con repetidas confirmaciones del futuro ministerio de Alex. Pero allí estaba él, todavía en coma, todavía respirando porque una máquina empujaba aire a sus pulmones, con la vida pendiendo de un hilo, día tras día.

Pasarían meses antes que viéramos todo el trabajo preparatorio que Dios ya había realizado para el cumplimiento de sus propósitos.

Las oraciones continuaron. El Ejército de Alex siguió librando la batalla, y nuevos reclutas se unían cada día a la línea del frente.

Alex en Internet

Desde el principio, quisimos informar a la gente para que pudiera orar por Alex. Pero ¿cómo podíamos mantener a la gente al día para que supieran específicamente por qué orar? Era obvio que debíamos usar Internet. El hospital proveyó en su propio sitio Internet un enlace a CaringBridge, una organización sin fines de lucro que proporciona sitios Internet sin costo para conectar a familiares y amigos en situaciones graves de salud. Pero para Alex, nosotros queríamos un sitio en Internet más personal y que su propósito fuera traer gloria y honor a Dios.

John Sullivan, un amigo de nuestra familia, sabía exactamente qué hacer. El trabajo de John es diseñar páginas Internet, y él tomó la responsabilidad de diseñar un sitio llamado PrayforAlex.com. Registró el dominio, nos pidió fotos y diseñó un hermoso sitio Internet que les permitía a las personas estar al día, minuto a minuto, sobre la situación de Alex, dejar mensajes para nosotros y alentar a sus amigos a orar por Alex.

Cuando el sitio recién salió, teníamos una sección llamada "Las últimas noticias sobre Alex," donde con frecuencia proveíamos nueva información. John nos pudo mostrar cómo miles de personas comenzaban su día entrando a nuestro sitio, recibiendo noticias de Alex y orando por las necesidades. Al principio, la sección de peticiones de oración era sólo sobre las necesidades de Alex, pero al poco tiempo se convirtió en un centro para informar también sobre las necesidades de otros. La gente ponía peticiones, y el "Ejército de Alex" también tomaba a su cargo esas peticiones. También había una sección de comentarios en el sitio, la cual le permitía a la gente comunicarse con nuestra familia. Recordé un año antes del accidente, cuando Alex y yo comenzamos a llevar lo que llamamos "El diario de oración de papi y Alex." Escribíamos allí las peticiones de oración de otras personas y las nuestras, y trazábamos un círculo alrededor de la petición cuando sentíamos que Dios había contestado una oración. Ahora teníamos lo que era una versión en Internet de ese diario —para Alex.

El sitio PrayforAlex.com no pudo haber sido de mayor éxito. Fue visitado más de un millón de veces durante sus primeros seis meses. La mayor parte de los mensajes de nuestra familia eran leídos por mil personas o más. Le agregamos una sección titulada Grupo de Oración Global, que en pocos días demostró que nuestro hijo tenía muchísimos compañeros de oración en todo Estados Unidos, y en muy poco tiempo, alrededor del mundo, incluyendo Australia, Hong Kong, Alemania, Sudáfrica, Inglaterra, Iraq, Costa Rica, Canadá, Afganistán y Honduras. La iniciativa de oración del Ejército de Alex en verdad se había convertido en un movimiento internacional. Muchas de esas personas informaron que sus iglesias enteras estaban orando por Alex.

Comenzamos a escuchar historias de personas que se despertaron de noche, durante semanas o meses, a la misma hora, sintiendo la fuerte guía del Espíritu Santo para orar por Alex. No era raro escuchar que veinte o más personas, alrededor del mundo, estuvieran orando por Alex en el mismo momento. Escuchar estas noticias nos llenó el corazón de ánimo, revelando que Dios iba a hacer algo maravilloso. Saber que Dios estaba moviéndose en los corazones de gente en todo el mundo hizo que nuestras esperanzas tomaran vuelo.

El sitio había comenzado simplemente como una herramienta útil. Pero se convirtió en un foro para la obra de Dios, ministrándonos a nosotros así como a personas que tal vez nunca conozcamos. Nos recordó de nuevo que la obra de Dios no tiene límites, que no está aislada y que no se realiza en alguna clase de vacío espiritual. Todo lo que Dios hace está interconectado, así que cuando él bendice a una persona hay una reacción en cadena que extiende sus bendiciones enormemente. Las cosas tristes o trágicas también se convierten en la materia prima para demostrar su poder.

Es cierto que todas las cosas obran para bien cuando conocemos a Dios.

Nos atrevimos a enfrentar la realidad de que algo tan devastador como el accidente automovilístico y las terribles lesiones de Alex

---

+++ La pregunta que me formulan con mucha frecuencia es: "¿Dónde está Dios, y cómo se manifiesta Dios en medio del sufrimiento?" Si usted duda alguna vez de que Dios esté presente, recuerde lo siguiente: él sabía el dolor que sufriríamos. Ofreció sus manos, su cuerpo, su amor y su compasión de la forma en que sabía que nos podía ministrar y sostener.

Había una organización de personas, las veinticuatro horas del día, los siete días de la semana, al lado de Alex y orando por él. La gente venía y nos decía: "Usted no me conoce, pero me desperté a las tres de la madrugada y me sentí impulsado a orar por su hijo." El blanco principal del enemigo es la noche, cuando nuestra mente y nuestro cuerpo están tratando de descansar. Pero el Espíritu nunca duerme.

Beth Malarkey, la mamá de Alex +++

---

pudieran en realidad llegar a ser una bendición maravillosa en las manos del Señor. Esto no quiere decir que estuviéramos felices con lo que le había sucedido a nuestro hijo o que quisiéramos que le sucediera a otra persona. Pero sabíamos que, como dijo Corrie ten Boom: "El amor de Dios es más profundo que el pozo más profundo." Yo estaba aprendiendo a confiar en Dios más profundamente de lo que nunca había confiado antes . . . a aceptar lo amargo y lo dulce de su plan . . . a abrirme a las oraciones y a los discernimientos de otros creyentes . . . a aceptar que algo hermoso estaba sucediendo, algo más allá de mi poder para controlarlo y de mi comprensión.

Pero ¿qué pasaba con Alex? ¿Estaba realmente tan inconsciente como parecía? ¿Estaba consciente de la presencia de Dios? ¿Qué estaba aprendiendo . . . experimentando . . . ?

De Alex
El Cielo y la tierra

Sabemos que, hasta el día de hoy, toda la creación
gime de angustia como si tuviera dolores de parto.

ROMANOS 8:22

Dios creó la tierra para que fuera un lugar perfecto para nosotros, pero nosotros la hemos arruinado.

El Cielo es el lugar perfecto para sus hijos, y ha permanecido así.

El Cielo es lo que se suponía que fuera este mundo.

Muchas cosas en el Cielo son similares a las cosas aquí en la tierra. Hay árboles y campos de pasto, lagos y ríos, y muchas otras cosas de la tierra que conocemos.

Es sólo que en el Cielo, hasta los mínimos detalles son perfectos.

Tal vez usted ve una puesta de sol y piensa que es lo más hermoso que puede existir. O ve la cima de una montaña con nieve. Y piensa: ¡eso es perfecto!

Pero creo que es imposible describir lo que en realidad quiero decirle: ¡las cosas que ve no son perfectas! Son defectuosas comparadas con el Cielo.

El pecado ha estropeado la tierra, y aun los colores son menos brillantes que en el Cielo.

Así que hay lagos y otras cosas naturales en el Cielo, pero no son como nuestros lagos. También hay cosas en el Cielo que no tenemos aquí en la tierra.

Yo creo que mi papi a veces se frustra porque yo uso palabras como *perfecto*, *glorioso* o *más allá* una y otra vez. Tengo que hacerlo. El Cielo, sencillamente, no es como la tierra.

CAPÍTULO 5

MILAGROS, PROBLEMAS Y MÁS MILAGROS

Mi hijo no podía funcionar en el mundo físico, pero a
mí me resultaba difícil funcionar en el mundo espiritual.
¿Cuál de los dos tenía el impedimento mayor?

LA IMPRESIÓN DE la presencia de Dios se estaba haciendo más palpable de lo que yo jamás había sentido. Alex estaba experimentando milagros . . . aunque nosotros todavía no lo sabíamos. Lo que sí sabíamos era el milagro de la confraternidad cristiana y, a través de él, el sentimiento de que Dios estaba obrando de maneras que eran tanto misteriosas como reales.

Pero no quisiera que usted piense que Beth y yo somos personas milagrosas. Después de todo, este libro no es un libro de ficción. Durante los primeros meses después del accidente, mientras estábamos siendo elevados a la presencia de Dios, también nos sentíamos destrozados, tensos, frustrados, desesperados, y, lamentablemente, inclusive desagradables el uno con el otro. No quiero disculpar estos hechos como si fueran normales para las personas que se encuentran bajo la clase de estrés que estábamos nosotros, pero quiero ser honesto. A menudo estábamos lejos de comportarnos de la forma que Cristo quiere que se comporte su gente —y esa es la verdad, sin importar lo diferente que quisiera que fuera.

Gracias a Dios hay otra verdad: Dios continuó siéndonos fiel a pesar de nuestros fracasos.

+++ Yo había leído libros sobre la guerra espiritual y obviamente había leído al respecto en la Biblia. Sabía qué significaba lucha, pero la familia Malarkey me dio una película de lo que es la guerra espiritual. Esta familia estuvo en crisis más de una vez, pero por la gracia de Dios nunca perdió la esperanza. Creo firmemente que el infierno atacó con todo lo que pudo a la familia Malarkey, pero Dios continuó sosteniéndolos una y otra vez. Kevin y Beth saben lo que es sufrir y ser fieles.

Pastor Gary Brown,
el pastor de la familia Malarkey cuando ocurrió el accidente +++

Una cosa es leer las Escrituras y afirmar sus verdades. Pero hasta que usted no se encuentre en las trincheras de las pruebas, hasta que no se enfrente a las circunstancias de la vida que prueban su fe, hasta que no esté presionado hasta el límite máximo de su capacidad física y emocional, hasta que no se enfrente al implacable estrés de un trauma continuo, nunca sabrá en realidad cómo va a responder a lo que habría recibido fácilmente durante un tranquilo estudio bíblico.

Problemas en nuestro matrimonio

Mi relación con Beth estaba llegando al límite. En la Biblia se nos dice que pongamos los ojos en Jesús, aun en medio de una violenta tormenta. Cuando Beth y yo dejamos de hacerlo, cuando actuamos según la carne, la intensidad de nuestra vida hizo que aun los asuntos más ínfimos se vieran más grandes que una montaña. Por ejemplo, yo perdía la paciencia mientras hablábamos sobre el cuidado de nuestros hijos, o sobre lo que íbamos a hacer para cenar. Sé que parece tonto, pero a veces cada uno estaba tan ensimismado en su propio dolor, temores y extenuación física, que dejábamos salir lo peor de nosotros mismos. Beth y yo tenemos que ser honestos y admitir que nuestra relación sufrió un gran trauma, no sólo durante las primeras semanas en que Alex estuvo en el hospital, sino durante años después del accidente.

Yo sabía todos los versículos bíblicos escritos especialmente para mí, tales como "Maridos, . . . ame cada uno a su esposa tal como Cristo amó a la iglesia." Y Beth sabía todos los versículos bíblicos escritos especialmente para ella, tales como "Esposas, . . . sométase cada una a su marido como al Señor." Sabíamos lo que dice la Biblia. Pero al tratar de vivir esas palabras en el centro de la tormenta, con nuestros nervios a flor de piel y destrozados, caímos en pecado —no un pecado que involucrara a otras personas, sino que simplemente no estábamos caminando en amor. Nos distanciamos y estábamos de mal humor el uno con el otro.

Estábamos muy preocupados por el poco tiempo que les podíamos dedicar a nuestros otros hijos; ellos también nos necesitaban. ¿Cómo podríamos jamás crear un ambiente hogareño "normal" para ellos? Parecía una ironía haber trabajado tanto para tener una casa bonita en un hermoso terreno para la familia, pero estar allí tan poco como familia.

Estábamos pasando una gran cantidad de tiempo en el hospital, dedicándole la mayor parte de nuestra energía a Alex. Nuestros hijos

+++ Tengo que ser honesto y decir que Kevin y Beth tuvieron grandes luchas en su matrimonio. Muchas veces fui a su casa para hablar con ellos, aconsejarlos y orar con ellos. Esos fueron días muy difíciles.

Una vez yo estaba tan angustiado en mi espíritu, sintiendo el peso de la opresión espiritual sobre ese matrimonio, que llamé a uno de los hombres de nuestra iglesia y los dos fuimos a la casa de la familia Malarkey para orar. No toqué a la puerta. Sólo comenzamos a orar, caminando alrededor de la casa siete veces, orando todo el tiempo. Es un absoluto milagro, una prueba absoluta de que hay un Dios en el Cielo, que su matrimonio haya sobrevivido y que ellos estén juntos hoy. Sin Dios, no hay forma posible de que su matrimonio hubiera sobrevivido.

Pastor Gary Brown,
el pastor de la familia Malarkey
cuando ocurrió el accidente +++

del medio tenían cuatro y dos años de edad, etapas únicas que requieren atención especial. Y luego, por supuesto, estaba Ryan, quien había nacido solamente dos días antes del accidente. Los bebés recién nacidos no se caracterizan por dar poco trabajo. Las primeras semanas son críticas para la formación de las habilidades cognoscitivas, la personalidad y el desarrollo normal del apego a los padres, especialmente a la madre. No queríamos descuidar a Ryan en ningún aspecto.

Yo sentía que era una carga demasiado pesada de llevar. Beth y yo, como es de suponer, tuvimos largas charlas con nuestro Creador: *Señor, tú sabes que esto es mucho más de lo que podemos abarcar, en muchos de los frentes. Te necesitamos como nunca antes. Hemos estado orando sin cesar por Alex, al igual que muchas otras personas. Pero también debemos presentarte muchas otras peticiones. Tenemos otros tres hijos que requieren nuestra atención. Tenemos cuentas que no podemos pagar. Tenemos nuestro matrimonio, y los dos necesitamos en forma personal fuerzas y la energía diaria para poder seguir adelante. Señor, sólo te pedimos tu sabiduría, y clamamos por tu promesa de que nunca nos abandonarás.*

Problemas en nuestra casa

Nuestro estilo de vida en cuanto a criar a nuestros hijos era el de dos luchadores que trabajan como equipo, y continuó durante los meses del invierno. Uno de los dos "entraba al cuadrilátero," quedándose con los tres niños en casa, mientras que el otro hacía vigilia en el hospital. Y entonces cambiábamos de lugar.

Una tarde, estaba en casa con los tres niños. Poco a poco, comenzó a caer una lluvia helada sobre la zona entera de Bellefontaine, pero nosotros estábamos cómodos en casa. *Que siga cayendo hielo*, pensé. Entonces, con un centelleo, se apagaron las luces y la casa quedó a oscuras. No teníamos electricidad. Empaqué una valija de inmediato antes de que lo peor de la tormenta de hielo nos azotara, y tuve que encontrar un lugar donde los niños y yo pudiéramos pasar la noche, lo cual, aparte de tener que conducir en una tormenta que empeoraba, no fue muy difícil. Una vez que estuvimos ubicados en nuestros cuarteles temporales en la casa de la hermana de Beth, y después de haber acostado a los niños, me di cuenta de que no estábamos tan mal a pesar de todo.

A la mañana siguiente, regresé a nuestra casa para ver cómo estaban las cosas. ¿Teníamos electricidad? No se puede ver la casa desde el camino, y tan pronto como me acerqué al ingreso de sesenta metros de largo para llegar a la cochera, tuve que parar el automóvil. Había caído un árbol en la entrada de la cochera, impidiendo que pudiera seguir conduciendo mi automóvil. *No hay problema*, pensé. *Caminaré.*

Salté sobre el árbol caído y con cuidado caminé por el resbaladizo camino, mirando de un lado a otro la destrucción que había traído la tormenta de hielo. Había árboles caídos por todos lados, envueltos en gruesas láminas de hielo. Con uno a la entrada del camino, ¿cuántos más habría en el resto de la propiedad? Marqué el teléfono de mi padre para decirle lo que estaba encontrando. "Hola, papá, no vas a creer esto. Hay árboles caídos por todos lados en mi propiedad. Es increíble. Bueno, por lo menos uno no cayó en nuestra . . ." Nada como el momento oportuno. Cuando estaba diciendo eso, di vuelta a la curva y vi que un árbol enorme había caído justo en el centro del techo de nuestra casa.

"Eh, papá, parece que tendré que llamarte más tarde."

Miré con incredulidad, abarcando la escena. Si el árbol que había caído en nuestra casa hubiera sido lo único con lo que teníamos que lidiar, quizás habría parecido más significativo para mí. Dado que la vida de Alex colgaba de un hilo, esto no me pareció algo muy grande. Por supuesto que tenía emociones encontradas, pero cuando un hijo está apenas vivo, usted ve todo lo demás en perspectiva.

Llamé al pastor Brown. Sabía que él vendría después de informarles a otras personas. ¡Él trajo una sierra mecánica y cascos de protección! Nos pusimos los cascos y entramos a la casa. Todavía no había electricidad, y aunque era temprano en la tarde, adentro estaba oscuro. Sin saber qué clase de daño estructural había, nos movimos con mucho cuidado.

Podría haber sido mejor, y podría haber sido peor. Tendríamos que cambiar el techo, pero había impedido que el árbol cayera al piso de la casa. Y, por supuesto, nuestras posesiones habían sufrido mucho daño. Serían necesarias muchas reparaciones —justo lo que

---

+++ Cuando Kevin me llamó de vuelta para decirme que había caído un árbol sobre su casa, mi primera respuesta fue reírme; no fue una risa insensible, sino una de gozo por la bondad de Dios. Lo digo de verdad. Para mí, la pregunta no es: "¿Por que le suceden cosas malas a la gente buena?" sino "¿Por qué es que suceden las cosas buenas?" Por cierto que no nos las merecemos.

Le dije a Kevin: "En primer lugar, considera que se cortó la electricidad. ¡Qué bendición! Si eso no hubiera sucedido, Kevin, tú habrías estado en la casa con los niños cuando el árbol cayó sobre el techo. En segundo lugar, era urgente que tu casa tuviera un techo nuevo. Ahora vas a tener un techo nuevo, ¡y el seguro va a pagar por él! En tercer lugar, te quiero hacer una pregunta, Kevin: ¿Cuáles fueron los árboles que se cayeron con la tormenta? ¡Todos los árboles débiles! Los fuertes todavía están en su lugar. Has recibido una poda natural, lo que ha hecho que tu propiedad sea más segura y saludable, dejando los árboles fuertes para que los disfrute tu familia. Para el próximo mes de julio, no quedarán rastros de los árboles que se cayeron."

En esta situación se ha visto la mano de Dios por todos lados, pero como le señalé a Kevin, tenemos que estar dispuestos a verla, a recibir esto como la bondad de Dios en nuestra vida.

Dr. William Malarkey, el padre de Kevin +++

---

necesitábamos. Pensé en nuestra asediada familia y suspiré: las desgracias nunca vienen solas.

Beth, los tres niños y yo dormimos en el sótano de la casa de la hermana de Beth durante una semana. Estábamos muy agradecidos de que Kris nos hubiera dado hospedaje. A esas alturas, estábamos acostumbrados a dormir en toda clase de lugares. Para el pequeño Ryan, esto era normal; él había pasado sólo una noche de su vida bajo el techo de nuestra casa. Todos nos estábamos acostumbrando a lo que era nuestra vida en ese entonces: un campamento de entrenamiento de reclutas.

Diez hombres cortaron y sacaron todos los árboles que se habían caído, y los pedazos de troncos y ramas que habían volado a nuestra propiedad. Y otra vez, un ejército de ángeles terrenales pareció descender sobre nosotros en medio de nuestra prueba. Fue otra lección acerca de aprender a confiar en la bondad y en la providencia de Dios.

El trabajo de reparación se hizo en etapas y duró más de dos años. La mitad del techo tuvo que ser quitada y se tuvo que reconstruir. La terraza, las paredes interiores y el techo también tuvieron que ser reemplazados. Yo contraté a un hombre de nuestra iglesia para que dirigiera ese proyecto. Él y su equipo pusieron manos a la obra. Con el tiempo, se hizo claro que el equipo que trabajaba en el techo, quince personas en total, estaba usando sus vacaciones o había tomado días sin pago para trabajar en los problemas de otra persona en lo peor del invierno. Estas personas fueron verdaderos siervos y de alguna manera se las arreglaron para dar la perspectiva de que *yo* era el que los estaba sirviendo a *ellos* al permitirles venir y reparar mi casa. Trabajaron como si no hubieran disfrutado de un privilegio tan maravilloso en mucho tiempo.

Algo que tenemos arraigado es hacer las cosas por nosotros mismos, devolver cualquier pequeño favor que nos hagan y nunca estar en el lado de las deudas en el libro de contabilidad. Poco tiempo después de haber "contratado" al capataz, hablé con él a solas y le aseguré que les iba a pagar a sus trabajadores. Cuando estaba enfatizando mi punto, uno de los hombres escuchó por causalidad nuestra conversación.

"¿No te das cuenta, Kevin? Este es el trabajo mejor pagado que he tenido en mi vida."

"No deban nada a nadie, excepto el deber de amarse unos a otros" (Romanos 13:8). El frío y el daño de la peor tormenta de hielo del invierno no se podían comparar con el calor que encontramos en esos hermosos ejemplos del amor de Cristo.

Problemas en nuestra cuenta bancaria

Ya habíamos estado muy apretados de dinero antes de que sucediera esto. Ahora era casi imposible no pensar en nuestra falta de dinero.

La misma mañana en que sucedió el accidente, mientras estaba en la iglesia, había reflexionado en las pruebas financieras que nuestra familia tenía que enfrentar, puesto que los gastos del nacimiento de Ryan no estaban cubiertos en nuestro plan de seguro de salud. Ahora teníamos la situación de Alex, y yo no sabía de dónde iba a salir el dinero para pagar esas cuentas astronómicas del hospital —y esto, por supuesto, durante un tiempo en que me era virtualmente imposible dirigir mi energía, tiempo y atención a mi práctica de asesoramiento. Sentí que me tiraban en demasiadas direcciones, y sé que Beth sentía lo mismo.

Una tarde, mientras estaba sentado en la sala de Alex pensando en todo esto, entró una representante del hospital.

—Señor Malarkey, ¿puedo hablar con usted? —me preguntó.

—Por supuesto. ¿De qué se trata?

—Bueno, tenemos que hablar sobre el pago de su cuenta.

Me puse tenso, pero mantuve la calma. Esto se parecía mucho al tiempo en que me dieron la cuenta por la fiesta de nuestra boda mientras el evento todavía estaba ocurriendo. Fui al pasillo con la mujer y le pregunté: —Bueno, ¿hay algún problema?

Ella me dijo: —Me estaba preguntando si le sería posible llenar algunas planillas.

—Bueno —le dije—, estoy pasando por una situación especial. Hace poco que cambié mi seguro a un plan en el cual los asegurados comparten los gastos médicos, y para serle franco, no estoy muy seguro cuál es nuestra situación actual.

Me sentía avergonzado. Habíamos usado cientos de miles de dólares en tiempo y servicios del hospital, además del trabajo de los cirujanos. Yo no lo sabía, pero antes de mucho tiempo, eso ascendería a millones de dólares, y no estaba seguro de dónde vendría ese dinero.

—Entiendo —me dijo ella—. ¿Pero no quiere investigar en cuanto a ayuda del gobierno?

—No sé mucho acerca de cómo trabajan esas cosas, ¿pero eso no es para personas que son, ya sabe, realmente pobres? No creo que nosotros califiquemos.

—Por lo general la gente piensa eso —me explicó—. A menudo se sorprenden de cómo trabaja, particularmente cuando tienen muchos hijos. Usted tiene cuatro hijos, ¿verdad? Cada hijo aumenta el límite de ingresos de la familia.

—No tenía ni idea.

No me llevó mucho tiempo hacer los cálculos, y sucedió que con mi ingreso actual y la llegada de Ryan en noviembre, estábamos justo bajo el límite del programa del gobierno. ¡Qué peso se me quitó de encima! Ese programa pagaría hasta el último centavo de la cuenta de Alex, y sería retroactivo al 1 de noviembre, 2004, para toda la familia. Debíamos más de $10.000 por el nacimiento de Ryan, y con eso la cuenta estaría cancelada.

Yo ya había recibido dos cuentas por un total de $200.000. El total final de la cuenta fue de más de siete ceros. La parte que me correspondía pagarle al Hospital de Niños fue un gran total de $14, lo cual resultó ser un error de contabilidad. ¡Ni siquiera les debía eso!

¿Cómo puedo describir mis sentimientos? Abrumado. Agradecido. Humilde. Avergonzado.

Sí, Señor, tienes razón . . . de nuevo, oré. *Yo he llevado esta carga de preocupación, y tú, en tu plan, ya habías arreglado todo. ¡No había entendido que las luchas financieras y la baja en mi salario eran parte de tu plan perfecto! La cantidad de mis pérdidas es muchísimo menor que las cuentas que no tengo que pagar. Aun si todavía estuviera usando un plan de seguro de salud tradicional, se habría combinado con el plan de ayuda del gobierno, y me hubiera dejado con una cuenta grandísima que me hubiera llevado muchos años pagar. Pero tú sabías de antemano la forma de bendecirnos. ¿Por qué me resulta difícil aprender a caminar en fe, a confiar en tu voluntad?*

Salí de la prisión de la autocompasión

Como siempre, mi padre lo dijo mejor: "Si no estuvieras pelado, tendrías que ir a la bancarrota."

La observación de mi padre fue correcta. De hecho, siempre da en el clavo. De todas las personas que alguna vez me han asesorado, el consejo de mi padre siempre es el más sabio.

Durante la primera parte de nuestra experiencia con Alex y el accidente, mi padre me dio su perspectiva una vez más, y eso me ayudó mucho. Cuando ocurrió el accidente, él estaba dando una conferencia médica en Europa. Enseguida tomó un avión de regreso a nuestro hogar en Ohio. Tan pronto como me vio en el hospital, me abrazó y me dijo: "Hijo, mucha gente en el mundo quisiera que este fuera su peor problema."

+++

¿Nuestro enfoque diario en los eventos comunes y corrientes reduce nuestra consciencia de los eventos providenciales y milagrosos que ocurren dentro de nosotros y a nuestro alrededor a cada momento?

Dr. William Malarkey,
el padre de Kevin

Me doy cuenta de que mucha gente no entiende ese punto de vista, y que algunos dirían que estaba siendo insensible con ese comentario. Pero yo conozco a mi papá. La increíble perspectiva que tiene sobre la vida y sobre lo que es importante le da un poder asombroso para la vida diaria. ¿Cuántas veces fui a él con un problema durante mis años de crecimiento? ¿Y cuántas veces me escuchó pacientemente y me dio un buen consejo? Pero en cada una de esas veces yo supe lo que iba a escuchar antes de salir del lugar —él siempre me mencionaba a alguien que ambos conocíamos y que estaba luchando en la vida, para ayudarme a entender mejor la magnitud de mi propio problema.

Yo llegué a entender la sabiduría de este enfoque. La autocompasión nos encierra entre las paredes de nuestro propio egocentrismo. El mundo se reduce al tamaño de nuestro problema, y cuanto más pensamos en él tanto más pequeños somos nosotros, y tanto más parece aumentar el problema. El estar conscientes de lo que les ocurre a otros es un buen antídoto para este egocentrismo.

No somos los únicos que tienen problemas, y por lo general, conocemos a personas que luchan con asuntos peores que los nuestros. Nunca hay un instante en la vida en que sea imposible tener un corazón agradecido, sin importar lo que sucede. Un evento catastrófico, como nuestro accidente, pone a prueba esa filosofía, pero aun en este caso es verdad, y papá se atrevió a aplicarla mientras su nieto yacía en el valle de sombras de la muerte.

Yo no necesitaba saber lo desafortunado que era. Lo que necesitaba era que se me recordara la verdad: mis luchas no eran las únicas en el mundo, y todavía tenía mucho por lo que debía estar agradecido. No me puedo imaginar otro punto de vista sobre la vida que sea más sabio o más firme. Recuerdo haber estado sentado en la sala de espera de la unidad de cuidados intensivos, mirando noticias del tsunami que había azotado Indonesia a fines de ese año. Casi 230.000 personas de unos doce países perdieron la vida; 43.000 de ellas desaparecieron sin dejar rastro.

Sentado en una silla en el hospital, miré la pantalla del televisor y vi cuando una casa flotaba a lo largo de la costa. Pensé: *Todavía tengo a Alex, quien está vivo por la gracia de Dios. Todavía tengo mi hogar.* Es cierto que nuestra casa necesitaba reparaciones muy grandes, pero todavía la tenía. Y aun cuando parte de la casa se había derrumbado bajo el peso del tronco de un árbol, aún pude decir: "Mucha gente en el mundo quisiera poder decir que este es su peor día."

Mi papá no cree en la existencia de un mal día. Yo encuentro que adoptar esta filosofía hace una gran diferencia en cuanto a nuestro contentamiento. Cuanto más difícil se nos hizo la vida, tanta más bondad vimos en la gente y en Dios.

Aunque no lo crea, es posible sentir paz y dolor al mismo tiempo. La vida puede ser dura, pero aún podemos sentirnos bien. Aun cuando a veces lloraba, yo sabía que mi familia estaba alineada con la voluntad de Dios. Podía decir con el antiguo himno: *Estoy bien con mi Dios.*

Aun así, en momentos de reflexión, me he preguntado: *¿Quisieras que el accidente nunca hubiera sucedido?* Esa es una respuesta fácil. Sí —y no. Desde una perspectiva totalmente humana o física, ¡por supuesto que quisiera que el accidente nunca hubiera ocurrido! Pero yo no soy solamente una masa de moléculas que en forma incoherente atraviesan el tiempo y el espacio. Soy un hijo de Dios, destinado a otro mundo, un mundo ante el cual este palidece en significado. Nuestra preparación espiritual para el *otro* mundo debe ser la prioridad de *esta* vida. Puesto que el accidente nos ha llevado a Alex y a mí —y a miles y miles de personas— a una vida más profunda con Dios, entonces mi respuesta a esa pregunta tiene que ser diferente. Yo he elegido ver el accidente como una parte integral de mi vida.

+++

Recuerdo haberle dicho a mi padre que me había sentido feliz cada uno de los primeros sesenta días en que Alex había estado en coma —y que había llorado en cincuenta y siete de esos días.

Kevin Malarkey

¿Y si pudiéramos volver atrás y reescribir la historia de nuestra vida? Con lo que sé ahora, yo me evitaría mucho dolor eludiendo el futuro diseñado para mí. Pero también estaría esquivando las incontables bendiciones de Dios presentes y futuras. Nunca podría tener paz acerca de eso.

No es asunto de que Dios haya planeado que mi hijo sufriera, sino que Dios planeó usar todo esto para hacer cosas maravillosas que bendecirían muchas vidas, incluyendo la de mi hijo y el resto de mi familia. Nunca ocurre nada bueno sin un precio. Es algo muy difícil de entender, pero pregúntese, ¿qué habría pasado si Jesús —quien *sabía* de antemano que iba a ser crucificado— se hubiera dado vuelta y se hubiera apartado de eso?

No me gustan ni el dolor ni el sufrimiento, especialmente cuando afectan a los que amo más que a nada en el mundo. Pero confío en Dios; confío completamente en que él puede cambiar la tristeza en gozo y el dolor en danza. ¡Casi no puedo esperar para ver bailar a Alex!

¿Nos puede oír Alex?

Beth y yo estuvimos con Alex todos los días, pero sabíamos que llegaría el día en que sus hermanos necesitarían verlo. Determinar el tiempo correcto fue una decisión dura. Sería difícil para ellos entender por qué Alex no podía hablarles, y por qué estaba en un cuarto raro lleno de máquinas escalofriantes.

A las pocas semanas del estado de coma de Alex, decidimos traer a Aaron para que viera a su hermano. Tenía cuatro años, y era el más cercano a Alex en edad y en cuanto a amistad. Alex tenía algunos amigos, pero el más cercano a él siempre era Aaron. Eran inseparables. De hecho, desde los cuatro a los seis años, casi no tenemos fotos de Alex en las cuales no esté Aaron. ¿No dice eso todo? Participaban juntos en los deportes, jugaban juntos con muñecos de acción, corrían juntos fuera de la casa, subían juntos a los árboles y, sí, ¡juntos desobedecían a sus padres!

Hablamos bastante con Aaron, preparándolo para esa experiencia. En nuestra "sabiduría paternal," le dijimos que Alex estaba durmiendo. Mientras que nosotros le hablábamos a Alex todo el tiempo, esperando que en algún nivel nos pudiera escuchar y entender, no queríamos que Aaron tuviera falsas expectativas.

Aaron quería llevarle un regalo a Alex: una figura movible de un soldado. Le dijimos que creíamos que era una buena idea. Beth y yo teníamos un amigo, el "señor Jeff," quien también era un buen amigo de nuestros hijos. Él nos acompañó a Aaron y a mí, llevando a Aaron en sus brazos, y los tres entramos a la sala de Alex.

Tenía mi radar en estado de alerta máxima, y observaba a Aaron con mucha atención. ¿Cómo manejaría él esta situación extraña en que se encontraba su querido hermano mayor? En la maravilloso manera de los niños, él tomó las cosas con calma y estaba encantado de ver a Alex. Es muy fácil subestimar lo que pueden manejar los niños.

Teníamos a Aaron elevado en brazos, para que viera el cuerpo reclinado de su hermano, y él comenzó a mostrarle a Alex el nuevo juguete que le había llevado. En mejores épocas, a los dos les había encantado jugar juntos con muñecos de acción. De muchas maneras, Alex había sido el hermano ideal para un niñito. Me pregunté cuán difícil le era a Aaron por dentro, cuánto extrañaba a su compañero favorito de juegos.

"¿Ves cómo este soldado puede mover las piernas? ¡Está corriendo!" le dijo Aaron manipulando los miembros de la figura de acción y haciendo todos los sonidos apropiados. "¿Ves? ¡Puede hacer kung fu!"

Le demostró todo lo que podía hacer el juguete, como si los dos hubieran estado solos, pasando los buenos momentos que siempre disfrutaban.

Yo debería haber estado satisfecho al ver que Aaron se mostraba tranquilo y feliz, pero no pude evitar preocuparme pensando que, en algún momento, el corazoncito de Aaron podría ser herido porque su hermano mayor continuaba sin responder. Con la manera más suave y amorosa que pude, le dije: —Aarón, recuerda que tu hermano está dormido y no te puede escuchar.

Aaron se dio vuelta, me miró fijo a los ojos, y anunció con absoluta certeza: —Él me puede oír.

Tenía sólo cuatro años de edad, pero habló con toda la confianza de alguien que sabe todos los hechos. Se volvió a dar vuelta hacia su hermano, como diciendo: *¿Qué es lo que pasa con estas cosas que los adultos no entienden?*, y continuó demostrándole lo que podía hacer el juguete a su hermano en coma.

Fue como si le hubiera dicho que el cielo era verde. "¿Por qué dices que el cielo es verde? Todo el mundo puede ver que es azul. Y estoy seguro de que Alex me oye."

Jeff y yo nos miramos y nos encogimos de hombros. ¿Puede un niño ver y entender cosas que las mentes escépticas de los adultos no pueden captar?

Milagros durante la Navidad

El mundo nunca baja la velocidad para tener en cuenta a una familia en crisis. Nuestras vidas siguieron en una vorágine de citas, conversaciones y medicamentos, mientras una miríada de personas cuidaba a nuestros otros hijos y se preocupaba por muchas de nuestras necesidades. El asunto constante alrededor del cual giraba todo era Alex en su prolongado sueño. Había pasado un mes desde que nuestra familia de seis personas había estado junta en algún lugar al mismo tiempo.

Aun mientras Alex estaba a pocos centímetros de nosotros en cuerpo, pero a mundos de distancia en espíritu, comenzamos a prepararlo para su retorno a la vida. Permanecimos confiados en que sucedería, así que pensamos que teníamos que prepararnos. Con mucho cuidado, lo sacábamos de la cama y lo sentábamos en una silla de ruedas por cortos períodos, en un proceso doloroso y metódico. Primero, lo movíamos al borde de la cama, para que sus piernas colgaran por el costado de la cama. Beth se colocaba detrás de él, y al mismo tiempo que lo sostenía, le daba grandes abrazos. Lo que al principio fue una serie de movimientos ejecutados cuidadosamente se convirtió en otra rutina en nuestra vida.

Algo cambió un día. Mientras Beth repetía ese proceso, los labios de Alex formaron una pequeña pero inconfundible sonrisa. Nos miramos el uno al otro para confirmar que no lo habíamos imaginado. Nuestro hijo estaba sonriendo. Nos miramos el uno al otro maravillados, mientras lágrimas de gozo comenzaron a corrernos por las mejillas. Dios fue muy bueno con nosotros al darnos esta pequeña señal alentadora. Tal vez Aaron tenía razón: *¿Qué quieres decir que no nos puede oír?* Pero eso fue algo fugaz, y Alex volvió a un lugar al que nosotros no podíamos ir.

En Navidad, nos dimos cuenta de que habían transcurrido seis semanas desde el accidente. En ciertas formas, parecían seis años. Por primera vez, el hospital nos permitió traer a todos nuestros hijos a la sala de Alex. Por tercera vez, los seis estuvimos juntos en un lugar. Pudimos abrir algunos regalos juntos, y sacarnos una foto familiar navideña.

Es otra idea que es muy difícil de explicar a menos que usted haya estado en una situación similar, pero esta fue una de las mejores Navidades de mi vida. Ahora habíamos aprendido a no dar nada por sentado. Nuestro hijo estaba en estado de coma, nuestra nueva casa estaba medio desmoronada y la presencia de Dios era más real para nosotros que nunca antes. Sólo el hecho de estar juntos fue un regalo especial de Dios. Nos abrazamos y oramos para que el Señor nos uniera aún más —los unos a los otros y a él— en 2005.

En medio del gozo de estar juntos, mi mirada fue de un hijo a otro, luego a Beth, pero comencé a pensar en un futuro lleno de enormes facturas. Mis pensamientos parecían fluctuar entre mantener la mente en Jesús, en la forma tan maravillosa en que Dios había provisto para nosotros, y la montaña de pruebas que estábamos

---

+++ Varios meses después del accidente de Alex, estaba haciendo una revisión de servicios. Esto es cuando un doctor revisa los cuadros de los pacientes con el personal de los helicópteros que traen a los pacientes, para determinar la calidad del servicio que se ha prestado y para que aprendamos acerca de las heridas o enfermedades particulares de un paciente. Durante esa revisión, no se provee ninguna información que pueda ser usada para identificar a una persona. Sin embargo, cuando el doctor llegó a cierto paciente, los detalles me sonaron familiares.

Nos dijeron que el personal del helicóptero había hecho buen trabajo. Luego nos mostraron las radiografías que revelaban que el cráneo del paciente estaba separado de la columna vertebral. El doctor concluyó que el paciente había fallecido porque esa herida simplemente no era compatible con la vida.

Yo no estaba 100 por ciento seguro de que ese era el caso de Alex porque no se había dado ninguna información en cuanto a la identidad de la persona. Sin embargo, más tarde descubrí que realmente se trataba de Alex. Por lo general, un doctor estaría en lo correcto al decir que un paciente en esa condición había muerto; sin embargo, el Señor estaba cuidando a Alex, y él no había muerto.

Dave Knopp, paramédico **+++**

---

escalando —y así es exactamente como era. En un momento triunfaba la fe; en otro momento yo permitía que olas enfurecidas oscurecieran al Redentor. Yo solía leer las historias de los israelitas y me preguntaba: *¿Cómo pudieron esos desagradecidos quitar los ojos de Dios con tanta rapidez después de todos los milagros que Dios les hizo?* Ya no tuve que preguntármelo más; yo era igual que ellos.

Sin embargo, en medio de todas estas preocupaciones temporales, estábamos a punto de ver chocar el mundo en el que vivimos con el mundo que estaba experimentando Alex.

De Alex
Ángeles

> *De repente, apareció entre ellos un ángel del Señor, y el resplandor de la gloria del Señor los rodeó. Los pastores estaban aterrados, pero el ángel los tranquilizó. "No tengan miedo".*
>
> LUCAS 2:9-10

Los ángeles no son hombres ni mujeres.

Son completamente blancos y tienen alas.

Algunos no son tan grandes como papi pensaba; serán de unos sesenta centímetros de alto. Otros ángeles, especialmente los que están en el Cielo, son más grandes. Los ángeles me han visitado muchas veces, y he sentido miedo cuando viene más de uno. Luego, cuando mi papi y yo pudimos hablar de estas cosas, él me dijo que tal vez esos ángeles son más pequeños para ayudarme en cuanto a mi miedo —no lo sé.

Tienen diferentes trabajos. Uno solamente me hace sentir mejor; tengo más valor. Otro me ayuda a abrir la boca y decir palabras. Uno tenía las manos puestas sobre mi pecho, para ayudarme a ser más fuerte, para ayudarme a respirar. Siempre veo a los ángeles cuando llegan, y aun cuando yo no podía hablar, ellos podían escucharme. Al mismo tiempo que hacen su trabajo, le cantan hermosas canciones a Dios.

Un día, cuando los ángeles estaban conmigo en mi cuarto del hospital, mi papi me preguntó si yo quería cantar con ellos. Le dije que sí, así que entonamos una canción de adoración. Yo no podía cantar con la boca, pero estaba cantando con los ángeles y ellos podían escucharme. Esto fue en la época en que yo tenía que hablarles a las personas con señales especiales, pero ¡no tenía que hablar de esa forma con los ángeles!

La gente me ha dicho que después de que estoy con los ángeles, mi cara brilla, igual que mil mañanas de Navidad. Es gracioso que usualmente sólo podía sonreír con un costado de la boca, pero que mis sonrisas después de que me visitaban los ángeles eran grandísimas. Yo he escuchado acerca de la cara de Esteban en la Biblia, cuando él miró hacia el Cielo. ¿Tal vez mi cara se ve como la de él?

Hay diferentes clases de ángeles. La gente quiere que se los describa, pero es difícil. Sólo puedo usar palabras como *magníficos*, *maravillosos* e *increíbles*.

Los ángeles me hablan de ellos mismos y me hablan de mí. Algunos de los ángeles son mensajeros, algunos son guerreros y algunos son adoradores. Un grupo de ángeles guarda los muros del Cielo. Estos son los ángeles más fuertes de todos. Están en todos los puestos del muro, y el puesto principal es el de las puertas de Cielo.

Mi papi me preguntó si es como la muralla china. No, no lo es; ¿cómo puedo describirlo? Pero los ángeles están colocados de esa forma.

Hay muchos edificios en el Cielo, pero yo sólo noto el Templo. Dios nunca sale del trono en el Templo. Hay un rollo en un recipiente de vidrio. Describe los tiempos del fin. Jesús es el único que puede leer ese rollo.

Así que hay muchas clases diferentes de ángeles. Lo que todos tienen en común es que ¡son maravillosos!

También me hacen sentir en calma.

CAPÍTULO 6

NOS ENCONTRAMOS CON OTRO MUNDO

*Como hombres y mujeres dedicados a la ciencia,
no tenían explicación alguna por la forma en
que esto pudo haber ocurrido en su hospital.*

AL APROXIMARSE EL mes de diciembre, debido a las cosas increíbles que habían sucedido desde el accidente, sentimos que —a excepción de la recuperación completa de Alex— los eventos más grandes estaban en el pasado. Ya había habido causa más que suficiente para dar gracias. Después de todo, Alex estaba vivo, y nosotros sentíamos que estábamos siendo sostenidos firmemente en las amorosas manos de Dios. Habíamos experimentado amor y apoyo espiritual, sin mencionar el apoyo material, de una forma que no pensamos que podía ser posible. La fuente de provisión de Dios parecía inagotable.

Paisano había dicho que sentía que el Espíritu de Dios se estaba moviendo de manera poderosa. Muy pronto seríamos arrojados a un mundo que yo sólo conocía superficialmente.

La ciencia está confundida

La primera operación de Alex fue durante el mes del accidente. Le tuvieron que hacer una abertura en la garganta —estoma— para poderle conectar el respirador y poder quitarle los tubos de la garganta. Esta operación es llamada traqueotomía. Los cirujanos también le harían una pequeña abertura para un tubo en el estómago a través del cual podría recibir fluidos y medicamentos, porque no podía tragar.

¡Cómo deseaba ver a Alex sin esos monitores, máquinas, tubos y cables! Sin embargo, cuando el personal médico comenzó a quitarle esas cosas para que lo operaran, me sentí cada vez más ansioso. Alex precisaba todo eso para poder sobrevivir. ¿Podía yo confiar en que ellos en realidad sabían lo que estaban haciendo? Sé que es una pregunta tonta, pero en ese momento, todo eso era muy desconcertante. Como padre que observaba todo eso sin poder proteger, acelerar la situación o mantener a mi hijo a salvo, el sentimiento de impotencia era inevitable.

Aun así, desde el primer día de la crisis, aprovechamos toda oportunidad para abrazar a Alex, hablarle palabras de aliento y, en general, tratarlo como si entendiera complemente todas las cosas. Desde el principio decidimos tratarlo como a nuestros otros hijos. Le hablamos a Alex como si tuviera los ojos abiertos y nos estuviera escuchando, asintiendo y sonriendo, pero sin poder replicar. Lo alentamos. Le dijimos que Dios estaba con él. Nuestras palabras fueron más ciertas y maravillosas de lo que nos hubiéramos podido imaginar.

La operación salió bien, según nos informaron los médicos más tarde. Ahora Alex tenía dos aberturas nuevas en el cuerpo. Los expertos médicos nunca pensaron que él viviría lo suficiente como para poder practicarle esos procedimientos. Nosotros creímos que la operación fue simplemente un paso positivo más para que nuestro hijo volviera a nosotros.

A medida que la condición de Alex se estabilizaba un poco, los médicos comenzaron a explorar nuevos pasos. Nos habían dicho antes que finalmente planeaban fusionarle las vértebras del cuello. Nos dijeron que sin intervención quirúrgica el cuello de Alex nunca tendría estabilidad.

Para fines de noviembre, estaban considerando un paso provisional: colocarle un soporte en forma de halo en la cabeza para mantener el cuello de Alex en su lugar. Nos dieron la fecha para el examen de imágenes de resonancia magnética: el 30 de noviembre. Nos dijeron que más tarde ese mismo día tal vez le colocarían el halo. Ese soporte, que es un anillo de metal que se asegura al cráneo con tornillos, le mantendría la cabeza y el cuello inmóviles, y podría ayudar para sanarle esa parte donde estaban las heridas más graves.

Para los médicos, esas opciones eran posibilidades alentadoras. Para Beth y para mí parecían pasos en la dirección equivocada. Nosotros estábamos esperando la gran victoria. Estábamos orando por una sanidad completa.

Los médicos continuaron sus deliberaciones, ajenos a nuestras luchas. Después de examinar el resultado del examen de imágenes de resonancia magnética de Alex, decidieron dejar de lado el plan del halo, pero continuaron considerando la fusión de las vértebras.

La desventaja de la operación es que Alex nunca recobraría el movimiento total del cuello, y ¿qué querría decir eso cuando fuera totalmente sanado? Ese asunto no le preocupaba al cuerpo médico. Nosotros no estábamos realmente seguros sobre qué hacer, así que hablamos, oramos y decidimos darle luz verde a los cirujanos. Se fijó una fecha, y de nuevo el ejército de guerreros de oración asumió su posición de batalla —sobre sus rodillas.

Entonces recibimos noticias sorprendentes. Para fines de diciembre, los médicos concluyeron que las vértebras se habían sanado bien sin intervención, o más bien sin intervención *médica*.

—No estamos seguros de lo que pasó —me dijo el neurocirujano—, pero la cirugía no es necesaria.

¡Yo estaba extático!

—Está bien, doctor —le dije—. Nosotros entendemos; de hecho, sabemos lo que ha sucedido. Hay un Médico que ha estado sanando a la gente desde el comienzo del tiempo, y Alex es uno de sus pacientes.

Esto llegó a oídos del Ejército de Alex. Se regocijaron, pero no se sorprendieron.

Estábamos seguros de que Dios había intervenido en tiempo y en espacio, respondiendo a las oraciones de sus santos. Más tarde descubrimos algunos eventos fascinantes que ocurrieron al mismo tiempo.

No mucho tiempo después de que la operación hubiera sido programada y luego cancelada, supimos de Sue, quien quería contarnos de su propia experiencia con Alex. La historia que relata ella constituye otro milagro en nuestra notable experiencia, y precedió a aún otro milagro.

Visitantes nocturnos

Habíamos visto a algunas personas haciendo el trabajo de los ángeles, como llamando al número de emergencia, entrando al automóvil para orar con Alex, viajando con él en el helicóptero, aun presentándose para servir a Dios en nuestro hogar. Pero el informe de Sue indicó que nos estábamos moviendo a una arena diferente —una en la cual yo no tenía experiencia de primera mano.

Poco después del accidente, Sue había respondido a un pedido de guerreros de oración que estuvieran dispuestos a estar con Alex toda la noche. En una de esas noches, ella entró silenciosamente a la sala de Alex y se sentó en una silla al lado opuesto de la cama. Pasó las siguientes horas leyéndole a Alex y orando por él. A eso de las tres de la madrugada, mientras tenía la cabeza inclinada en oración, ella escuchó el ruido de agua corriendo en el lavatorio de la sala de Alex. Eso le pareció un poco extraño, pero puesto que no había puertas en las salas de la unidad de cuidados intensivos, asumió que una de las enfermeras había entrado a la sala de Alex y se estaba lavando las manos. Finalmente, no pudo más y levantó la cabeza, y vio que no había nadie allí.

Volvió a inclinar la cabeza, y después de unos pocos momentos, el sonido de agua que corría llenó la sala de Alex por segunda vez. Levantó la cabeza —nada. Volvió a orar. Y por tercera vez escuchó el sonido de agua que corría. Cuando levantó la vista no vio nada. Aunque pensó que era extraño, ella estaba allí por un propósito específico, así que reasumió su oración.

Entonces, de pronto, en su espíritu, se sintió invadida con el conocimiento de que allí en la sala había tres ángeles presentes, de pie detrás de Alex, con las manos en su cuello. Ella no estaba mirando —no vio nada con los ojos—, pero lo *supo* y *sintió* su presencia.

Antes de irse, uno de los ángeles le dijo: "Hay más que hacer, pero esto es todo por ahora." Sue nos dijo que ella estaba convencida de que ángeles estaban ministrando y cuidando a Alex —especialmente en las horas de la noche.

Beth leyó y volvió a leer el correo electrónico de Sue. Los dos nos sentimos maravillados de que ángeles hubieran visitado a nuestro hijo y de que nuestra amiga, quien no los había visto, estuviera tan segura de que habían estado allí como si los hubiera visto. Es fácil descartar esta clase de asunto, pero hay más información que considerar. Al pensar en el correo electrónico de Sue, Beth se preguntó en cuanto al tiempo de los eventos que Sue había reportado. Beth tomó el horario de oración/visitación y comenzó a fijarse en las fechas en que la gente se estaba quedando de noche con Alex. Pudimos obtener esa información con mucha facilidad debido a que cada detalle de este ministerio de oración estaba muy bien organizado.

Cuando Beth encontró la anotación de aquella noche, me llamó. "Fíjate en esto, Kevin. El informe está aquí. Sue estaba orando por Alex la noche antes de que los médicos planearan ponerle el halo a Alex. Los ángeles estuvieron allí la noche antes de que ese procedimiento fuera . . . cancelado." Beth me miró a los ojos con una expresión tranquila, de confianza, como si me estuviera diciendo: "Está sucediendo."

Me invadió una ola de esperanza. *Oh, Dios, ayuda mi incredulidad. Tú eres un Dios de milagros.*

Unos días más tarde sonó el teléfono.

—Hola —contestó Beth.

—Hola, me llamo Melissa. Siento mucho molestarla, pero tenía que llamarla. Es acerca de Alex. Yo he estado orando por él.

—No es molestia alguna. Apreciamos mucho a todos los que oran por Alex.

—Bueno, no quiero sorprenderla, pero algo ha sucedido, y yo quiero decírselo. ¿Tiene tiempo ahora?

—Por supuesto. ¿Qué es?

—Tuve una visión . . . de Dios . . . acerca de Alex y de ángeles. Soy artista, y tuve que pintar esa visión. ¿Puedo mandarles el cuadro? Me gustaría que ustedes lo tuvieran.

—Por supuesto, nos gustaría mucho verlo.

Después de la experiencia de Sue, la idea de visiones de Dios fue menos disonante de lo que hubiera sido antes de toda esta dura prueba. Anhelábamos ver lo que esa mujer había pintado, lo que ella estaba segura que Dios le había mostrado.

Cuando llegó el paquete con el cuadro, lo abrimos con cuidado. Después de haber sacado cautelosamente hasta el último pedazo de papel de seda, miramos asombrados la imagen. Con toda claridad se veían tres ángeles de pie detrás de Alex, con sus manos en su cuello. Durante mucho tiempo nos quedamos mirando el cuadro, recibiendo el extraordinario aliento de nuestro maravilloso Dios. Verdaderamente Dios había enviado ángeles para ministrar a Alex.

Enseguida llamamos por teléfono a Sue. Ella no conocía ni nunca había hablado con la artista. Beth le describió el cuadro detalladamente. También Sue estaba maravillada de que el cuadro mostrara exactamente lo que Dios le había revelado durante su noche de vigilia de oración. Recordamos las palabras de Jesús en Mateo 18:10 acerca de los niños: "Les digo que, en el cielo, sus ángeles siempre están en la presencia de mi Padre celestial."

Escaneamos el cuadro y lo pusimos en PrayforAlex.com para que todos pudieran ser bendecidos por eso. Más que nunca, quedó claro que Dios estaba involucrado en nuestra situación de manera notable, y que el resultado de eso era que Dios fuera glorificado. Nuestra esperanza del futuro continuó aumentando.

Le damos gracias a Dios por los ángeles de Alex.

Despertar

La época de Navidad pasó y comenzó un nuevo año. El prolongado sueño de Alex continuó. Su cuerpo estaba todavía con nosotros, pero de su espíritu no sabíamos. Teníamos fe en que Dios nos lo traería de

+++ He aquí una carta que le escribí a Alex el 6 de enero, 2005:

Alex,

He orado por ti muy a menudo y por muchas cosas.

Le pedí a Dios sus manos sanadoras, mientras tocaba todo tu cuerpo.

Le pedí a Dios que sanara completamente cada una de las células de tu cuerpo.

Oré por la sanidad de las heridas en el tronco del encéfalo y en la médula espinal; oré para que recuperaras las funciones que has perdido.

Le pedí a Dios que te permitiera *levantarte*, al igual que Lázaro. Le rogué que te restaurara la consciencia necesaria para que pasaras a ser un paciente en rehabilitación, en lugar de un paciente de neurocirugía en la unidad de rehabilitación.

No creen que lo puedas lograr, Alex. Creo que no conocen a nuestro Dios tan bien como nosotros; tal vez no han visto lo que el Señor puede hacer cuando confiamos en sus promesas. Los doctores hablan de respiradores, pero yo le pedí a Dios que nunca llegara el día en que un respirador entrara a nuestra casa, que no sería necesario, porque tú estarías respirando por cuenta propia cuando llegaras a casa.

Alex, estoy orando más de lo que jamás he orado. Me atrevo a creer en posibilidades que, en el pasado, jamás me hubiera atrevido a creer.

He orado Efesios 3:20 para ti:

Y ahora, que toda la gloria sea para Dios, quien puede lograr
mucho más de lo que pudiéramos pedir o incluso imaginar
mediante su gran poder, que actúa en nosotros.

Te vi en las palabras del Salmo 91:1-5:

Los que viven al amparo del Altísimo
  encontrarán descanso a la sombra del Todopoderoso.

Declaro lo siguiente acerca del SEÑOR:
Sólo él es mi refugio, mi lugar seguro;
él es mi Dios y en él confío.
Te rescatará de toda trampa
y te protegerá de enfermedades mortales.
Con sus plumas te cubrirá
y con sus alas te dará refugio.
Sus fieles promesas son tu armadura y tu protección.
No tengas miedo de los terrores de la noche.

Alex, no voy a ser deshonesto y afirmar que no he tenido momentos de tristeza. Extraño muchísimo las cosas divertidas que hacíamos juntos. Pero me siento muy bendecido de ser tu papi aquí en la tierra. Tú sobrepasas todas las expectativas que tuve alguna vez para un hijo.

Todos los días oro por la derrota de Satanás. Oro para que Dios sople nueva vida en ti, y cuando te veo, me inclino y soplo aliento en tus orificios nasales y en tu boca. ¡Me doy cuenta de que no te gusta que lo haga!

Hijo mío, prometo amarte y cuidarte, sin importar lo que nos depare el futuro, mientras tanto tú como yo estemos vivos. Yo estoy en ti y tú estás en mí, y eso nunca cambiará.

Oro pidiéndole a Dios que mi voluntad esté alineada a la de él, y lo alabaré por lo que sea que pudiera hacer. Lo alabo y lo adoro todos los días mientras observamos el milagro llamado Alexander.

Te amo hoy más que ayer.

Papi

Kevin Malarkey   +++

vuelta, pero había otro asunto que se cernía sobre nosotros. El cuerpo médico del hospital estaba deliberando sobre a qué lugar enviar a Alex. Le querían dar de alta, pero ¿adónde? La conversación tomó un tono incómodo. Todos, menos el personal de la unidad de cuidados intensivos, parecían tenerle miedo al respirador y a todo lo relacionado con él.

Finalmente, los médicos comenzaron a hablar de enviar a Alex a la unidad de rehabilitación. Beth y yo no podíamos entender esa idea: ¿cómo se puede rehabilitar a un niño que está en estado de coma? Pronto descubrimos la respuesta: no se rehabilita. Los que se "rehabilitan" son los padres. Se trataba de adiestrarnos a nosotros para que finalmente pudiéramos cuidar a Alex en nuestro hogar.

Comenzamos a aprender a alimentar a Alex, a darle los medicamentos, a higienizarlo, a controlar el equipo y todo lo demás que era necesario hacer todos los días por nuestro hijo. El "examen final" fue que cada uno de nosotros debía hacerse cargo de Alex durante veinticuatro horas, incluyendo la noche. Alguien se equivocó con los papeles, así que yo hice ese ejercicio dos veces. No tuve objeciones.

Finalmente sacaron a Alex de la unidad de cuidados intensivos y lo llevaron a una sala en la unidad de rehabilitación. El plan era, como nos habían dicho en la primera reunión, mantenerlo allí un mes. Después de todo, él no era lo que se podría decir un paciente en rehabilitación, así que no se podía beneficiar del tratamiento de ese lugar. Beth y yo tuvimos un mes para aprender a cuidar a Alex, porque después de este tiempo le iban a dar de alta.

Pero mis planes eran diferentes.

Miré a mi alrededor y vi todo el equipo para hacer ejercicio y a los terapeutas. Podía imaginarme a Alex beneficiándose de todo lo que había allí. Como les dije a nuestros amigos de PrayforAlex.com, yo quería que Alex despertara y aprovechara todo lo que tenía a su disposición en la unidad de rehabilitación. No era preciso que estuviera totalmente consciente, sólo lo suficiente como para caer en la categoría de que respondía.

Este fue un verdadero momento de crisis. Los médicos no esperaban que Alex se recuperara más, pero nosotros sí, y lo queríamos en ese lugar, porque allí lo podían ayudar más en su largo camino hacia la recuperación. El hospital había cumplido con su deber, nosotros habíamos hecho todo lo que podíamos hacer y ahora era el momento en que Alex debía hacer su parte. Era el momento de Alex —lo que quería decir, por supuesto, que era el momento de Dios.

Oré: *Señor, ¡despierta a Alex! Tócale el encéfalo hoy y mándalo de vuelta a nosotros, porque esta es su oportunidad de comenzar a recuperarse. Este es el lugar donde puede recibir la ayuda que necesita.*

Yo realmente creía que eso sucedería. Sentía en mi espíritu que un cambio vendría muy pronto. Aunque no lo hacía siempre, Alex había comenzado, muy levemente, a seguir con la vista la actividad en su sala. Su condición era estable, y sus medicamentos eran fáciles de administrar. Parecía dormir mejor en la unidad de rehabilitación, y nosotros creíamos que estaba a punto de estar listo para acelerar su sanidad.

Beth y yo tratábamos de concentrarnos en ver el cuadro en general y de no concentrarnos en los detalles pequeños. Es decir, sabíamos que en realidad se trataba de que Dios iba a hacer algo que no podría explicarse humanamente. Si llegaba a eso, estábamos listos para cuidar a nuestro hijo en estado de coma permanente, pero no creíamos que así era como iba a terminar la historia. Así que les pedimos a nuestros amigos y al notable Ejército de Alex que se unieran a nosotros en nuestra oración a Dios. Le rogamos que interviniera una vez más en la condición médica de nuestro hijo. Nuestra meta a largo plazo era tener a Alex con nosotros en nuestro hogar, que era donde él pertenecía. Se fijó una fecha, y de nuevo llamamos a nuestro ejército de guerreros de oración.

Hubo un poco de escepticismo en algunos de ellos en cuanto a esta estrategia. Algunos pensaban que cuidarlo en nuestro hogar no iba a resultar. Por ejemplo, una enfermera nos dijo: "Yo lo podría cuidar en un hospital como este, pero no creo que lo podría hacer en una casa." Ella y otras personas creían que una clínica era la respuesta. Las clínicas son una solución factible para ciertas personas, pero nosotros queríamos que nuestro hijo durmiera en su propia cama, bajo nuestro techo. No nos podíamos imaginar ninguna otra solución.

Sabíamos que las cosas serían difíciles, pero creíamos estar listos para esa realidad.

Un rayo de esperanza

Una mañana sonó el teléfono, y me saludó una alegre voz que yo conocía muy bien.

—¡Kevin! —Era mi papá.

—Hola, papá, ¿qué hay de nuevo?

—Kevin, ¡él está volviendo! ¡Él está volviendo!

—¿Qué quieres decir?

—Fui a ver a Alex hoy en la mañana, y él siguió mi anillo de casamiento con los ojos! *¡Sigue los objetos!*

El corazón me comenzó a latir con mucha rapidez, y salí a toda prisa para el hospital. No era la primera vez que escuchaba observaciones que daban esperanza en cuanto a Alex, porque la gente tiende a pensar o creer que vieron expresiones faciales. Algunos tenían la certeza de haberlo visto mover una mano o uno de los dedos del pie. Hay tiempos cuando estamos tan ansiosos que vemos lo que queremos ver.

Pero esas palabras venían de mi papá, el doctor William Malarkey, un médico de renombre. Él sabía qué buscar, y no creía en la esperanza manufacturada. Nunca antes había hecho una declaración así. Su entusiasmo hizo que yo me entusiasmara.

Todavía pienso en el 8 de enero como el día en que mi hijo salió del estado de coma, pero no fue así de simple. Alex no se despertó de golpe, como si hubiera estado durmiendo la siesta. Había estado en ese estado por casi dos meses. En un instante había desaparecido de entre nosotros, pero su regreso a ser el Alex que conocíamos tomaría mucho más tiempo, dado el daño que había sufrido en la columna vertebral y en la cabeza. Los médicos estaban muy escépticos en cuanto a las futuras habilidades que él pudiera tener, y aun en cuanto a su habilidad de pensar. Pero desde ese día en adelante, nuestro Alex comenzó su largo viaje de regreso al hogar. Fue como si la luz en su mente estuviera siendo encendida muy lentamente. Cada día Alex dio otro paso de regreso a nuestro mundo.

Yo estaba listo para celebrar cuando el hospital estuvo de acuerdo en admitir a Alex en la unidad de rehabilitación. Mi oración había sido contestada, y no importaba lo inverosímil que les hubiera parecido a otras personas: Dios había respondido. Ahora Alex podía comenzar a trabajar con el personal de rehabilitación, y eso haría toda la diferencia. Yo sabía de la fuerza y determinación que tenía Alex, y de nuevo tuve la certeza de que la rehabilitación iba a ser un éxito absoluto. Los médicos de la unidad de rehabilitación estaban ahora a cargo, pero nosotros sabíamos que el Gran Médico era el que tenía el pronóstico final.

El Ejército de Alex se regocijó con nosotros cuando compartimos todos estos nuevos cambios con nuestra comunidad de PrayforAlex .com. Y el Ejército continuó orando.

Cachetadas de alegría

Aun con las emocionantes señales de que estaba regresando, Alex todavía estaba en una espesa niebla. Algunos días parecía que estaba avanzando rápidamente; otros días sentíamos que habíamos perdido terreno. Tratamos todo lo que pudimos imaginarnos para hacer brillar nuestra luz a través de la niebla y guiarlo a nuestro hogar. Todos los que venían a visitarlo tenían su propio acto para tratar de hacerlo reaccionar. Algunos le contaban chistes, le hacían gestos graciosos con el rostro, hacían diferentes ruidos (reales y simulados) con el cuerpo, y aun con suavidad le hacían cosquillas en un cuerpo que nos habían asegurado que no podía sentir.

¿Dónde estás, Alex? Orábamos, hablábamos positivamente y verdaderamente creíamos . . . la mayor parte del tiempo. Cuando me llegaban momentos de duda, yo tenía sumo cuidado de ocultarlos. Nadie podía en realidad medir el impacto del grave daño en su cerebro y columna vertebral. El funcionamiento mental, físico y emocional pudiera estar intacto —hablando en términos médicos— o pudiera estar dañado para siempre. Simplemente, no lo podíamos saber.

Cuando pensaba en eso, me acosaba el temor. No se trataba de parálisis o de respirar por medio de un respirador. Yo podía manejar eso. Lo que me aterrorizaba era la idea de nunca volver a tener a mi hijo de regreso. Tuve momentos en que hubiera pagado cualquier precio sólo por hablar con mi Alex. Así que continué con mis conversaciones unilaterales, igual como si hubiéramos estado hablando como antes. Todos los demás le hacían gestos graciosos con el rostro, bailaban en forma graciosa y trataban estrategias descabelladas para tratar de sacarlo de su estupor. A estas alturas, nada parecía inusual en ese lugar —la gente había tratado todo menos pararse de cabeza.

Tal vez los hermanos que son cercanos en edad son los que saben mejor cómo hacerse reír el uno al otro. Fue Aaron el que finalmente lo logró.

Aaron tuvo su propia idea en cuanto a cómo despertar la atención de Alex. Aaron puso su cara cerca de la cara de Alex, y luego se dio a sí mismo una fuerte cachetada. En forma repetida, Aaron continuó golpeando su propio rostro. Algo acerca de la travesura de Aaron le llegó a Alex, y después de unas pocas cachetadas más, el rostro de Alex mostró una verdadera sonrisa. Nunca he visto nada más bello, aunque fue necesario que Aaron se diera algunas bofetadas a sí mismo para producirlo. Aaron continuó golpeándose el rostro, y la sonrisa de Alex continuó cada vez más grande. Este no era un reflejo muscular —era una *sonrisa*. Todos los presentes la pudieron ver, y todo el cuarto emitió una exclamación espontánea de victoria. Aaron estuvo encantado con su éxito y redobló sus esfuerzos, dándose cachetadas aún más fuertes. Entonces intervine y le prohibí a Aaron dañarse más su bello rostro. Él había logrado algo maravilloso, y ¡era hora de que le diera un descanso a sus mejillas!

Desde ese momento en adelante, Alex nunca más desapareció completamente en la neblina. Él tenía cierta consciencia de su cuarto y de la gente que estaba en ese lugar, y sabía claramente cuándo le estábamos hablando.

En ese tiempo escribí una poesía para expresar el poder de Dios que sentíamos que estaba obrando en Alex:

Alex no puede caminar
Jesús caminó sobre el agua

Alex no puede decir ni una palabra
Dios, hablando, creó el universo

Alex no puede respirar
El Espíritu Santo es el hálito de vida

Por lo tanto . . .

No voy a confiar en el mundo
Sino en la PALABRA

No voy a mirar a mi hijo
Sino a mi PADRE

No voy a mirar con los ojos
Sino con el CORAZÓN

No voy a ser víctima
De la prisión de las circunstancias

Adoraré a mi Dios
Y viviré en su esperanza

Que así sea . . .

Manos a la obra

Ahora los terapeutas de rehabilitación tenían algo con que trabajar, y comenzaron a interactuar con Alex de diferentes formas.

"Alex," le preguntó la terapeuta de lenguaje, "¿me puedes decir cuántos años tienes?"

Todos observamos con gran anticipación, pero yo tenía un nivel superior de intensidad mientras esperaba su respuesta. A estas alturas, mi obsesión era pedirle a Alex que me perdonara por lo que había hecho. El momento que yo deseaba más que ningún otro estaba próximo. Pero luego las sonrisas comenzaron a desaparecer cuando miramos de Alex a la terapeuta. La mirada de Alex estaba fija en algún punto frente a él.

"Alex," continuó la terapeuta, "¿sabes cuántos años tienes? ¿Cuál es tu edad?"

Alex no le respondió. Cuanto más le preguntaba la terapeuta, tanto más confusa era la expresión del rostro de Alex. Mi mirada iba de Alex a la terapeuta. ¿Qué podía significar esto? En forma discreta, nos indicaron que saliéramos del cuarto, y la terapeuta nos dijo lo que pensaba.

"Queremos tener cuidado en cuanto a declaraciones amplias como en este caso, pero también queremos ser realistas en cuanto a dónde nos encontramos. La realidad de esta situación puede no sólo ser que Alex no respondió —que no sabe la respuesta a la pregunta—, sino que *no puede* responder."

¿Que no puede responder?, mi mente gritó de terror. *¡No!* Hasta este momento no tenía ninguna duda de que Alex regresaría para ser nuestro Alex. Nunca le había dado lugar a la idea, ni siquiera por un momento, de que Alex pudiera tener daño cerebral severo. Por supuesto que Alex regresaría y que nosotros podríamos tener la conversación sobre la que con tanta desesperación había agonizado más de mil veces —la pregunta que con tanta desesperación había anhelando hacerle: "Alex, por favor, ¿me perdonas?"

Por primera vez, enfrenté la posibilidad de que tal vez nunca tuviera la oportunidad de recibir su perdón, de que tal vez Alex se hubiera ido de nuestro lado para siempre. Tambaleándome ante esta nueva posibilidad, caí en una silla, visiblemente derrotado. Pero la silla no pudo detener que mi mente se deslizara a un abismo negro —mi punto más bajo desde el comienzo de esta pesadilla.

Fue ese día, de todos los que siguieron al accidente, que cedí a mis temores más profundos. Abracé el fracaso aparente del momento y le permití definir el futuro. Al hacerlo, me permití a mí mismo sentirme anonadado. Con ese último informe de la terapeuta, todo se veía muy oscuro. Ese día lloré tanto como había llorado el día del accidente. Alex no se podía mover, no podía respirar por sí mismo, no podía hablar y no podía ingerir. Si no podía pensar ni entender, entonces ¿en qué sentido era él realmente Alex?

¿Dónde se había ido mi fe? ¿Por qué dejé entrar la duda después de tantas victorias? Supongo que me parezco bastante a Pedro cuando Jesús le dijo que saliera de la embarcación y caminara sobre el agua, confiando en Jesús en un momento, y luego enfocándose en las olas —y hundiéndose— al siguiente. Pero aun cuando yo le estaba dando un pase temporal en mi mente al gigante Desesperación, nadie estaba abandonando, incluyéndome a mí.

Los terapeutas fueron maravillosos, continuando contra viento y marea a pensar de estos contratiempos. La terapeuta de lenguaje fue particularmente tenaz y me alentó mucho. Al poco tiempo de las noticias negativas, ella ayudó a Alex a desarrollar tres movimientos faciales que nos dieron mucha esperanza. Él podía mover la comisura de los labios del lado derecho del rostro. Pudimos establecer con él que esa expresión quería decir *sí*. Los labios fruncidos, nos pusimos de acuerdo con Alex, querían decir *no*. Sin embargo, la expresión favorita de Alex era poner los ojos en blanco, lo que tenía una variedad de significados, dependiendo del contexto. Por ejemplo:

No sé.

Tus preguntas me están molestando.

Mi papá está medio loco.

Y casi todo lo que se puede encontrar entre el grandísimo ámbito de posibilidades entre *sí* y *no*.

La motivación del espejo

El crecimiento del cabello de Alex avanzaba al mismo ritmo que su estadía en el hospital, así que un amigo nuestro vino para cortarle el pelo. Aprendimos algo nuevo sobre Alex de este simple procedimiento. Mientras el peluquero hacía su trabajo, de pronto nos dimos cuenta de que Alex se estaba mirando en el espejo. Esa era la primera vez que se veía después de haber salido del estado de coma. En cuanto se vio en el espejo, de inmediato comenzó mover los músculos faciales para que hicieran lo que quería su mente.

Alex se miró fijamente al espejo, batallando con sus recalcitrantes músculos faciales, crispando el rostro y los ojos ardiéndole de determinación. Lo observé en silencio, pero en mi corazón estaba en la línea de banda de esa inmensa lucha, saltando y gritando a todo pulmón: *¡Adelante, Alex! ¡Adelante, Alex!*

Este era el Alex que yo conocía, el luchador, el niño que tenía la iniciativa de tomar las herramientas que tenía y de usarlas a la perfección. Él estaba luchando con todo lo que tenía. No estaba simplemente acostado en esa cama, desistiendo debido a los obstáculos que enfrentaba. Estaba actuando en esa situación, rehusando desistir. Yo estaba allí, callado, sosteniendo un espejo mientras estaba sentado al borde de la cama, pero por dentro estaba vitoreando con todos los demás en el estadio: *¿Vieron esa jugada? Ese es mi hijo Alex. ¡Él es un vencedor!*

+++ Cada vez Alex está más consciente. Todas los terapeutas notan su progreso diario. Hoy hizo (con ayuda) un dibujo de una sombrilla, y mueve los ojos para indicar "sí" y "no" cuando le muestran tarjetas, lo cual es la base de su habilidad para comunicarse. Beth está aprendiendo a ponerle el catéter, a limpiar su tubo de alimentación y a trabajar con el respirador. Me van a empezar a enseñar esas cosas a mí el jueves a las 9:00 de la mañana. . . .

Creemos que ahora Alex puede recibir a cualquier persona que venga a su cuarto, así que siéntase libre de venir a visitarlo. Pero tratamos de no tener demasiada gente al mismo tiempo en su cuarto para que no se sienta abrumado. Por favor, recuerde que se permite la visita de niños.

Nuestro pastor nos ha dicho que ya tenemos electricidad en la casa y que la gotera en el techo parece que ha sido arreglada bastante bien. Voy a ir a casa esta noche para asegurarme de que todo está en orden para que vuelva nuestra familia. Beth está un poco preocupada acerca de la estabilidad del techo. Por favor, oren pidiendo que tomemos una decisión sabia en cuanto a la seguridad de nuestra familia al intentar volver a nuestra casa.

Salir del cuarto de Alex ahora es muy difícil cuando él está despierto porque él entiende claramente que lo estamos dejando. . . . Alex, Beth y yo lloramos esta tarde mientras tratábamos de aprender cómo ayudar a Alex para que sienta más paz en cuanto a su situación. Qué bendición es, sin embargo, que él entienda, procese y sienta de nuevo.

Gracias, Dios, por tu sanación milagrosa de nuestro hijo.

PrayforAlex.com,
anotación de Kevin Malarkey
el 12 de enero, 2005 +++

Durante dos horas le sostuve el espejo mientras Alex practicaba todos sus movimientos: movía la comisura de su boca, fruncía los labios y ponía los ojos en blanco.

Yo estaba allí observándolo, maravillado por su determinación, radiante de orgullo. No podía haber error alguno ahora. Alex, el verdadero Alex que amábamos, estaba allí luchando por salir. Todos los médicos saben lo importante que es la voluntad de luchar. Si usted la pierde, todo termina. Varias veces nos habíamos preguntado a nosotros mismos si Alex tenía ese impulso vital. Ahora teníamos la respuesta, y nos llenó de renovada energía para mantener la mente y el corazón en la lucha.

Antes de ese momento, yo no me había dado cuenta de lo bajo que tenía el ánimo. Pero tan pronto como observé a mi joven soldado participar en la batalla, yo también volví a sentir el espíritu de lucha en mí. En ese momento increíble, mi hijo se convirtió en mi héroe y en mi inspiración. Yo era y soy su padre y su mentor, pero en ese instante nuestra relación cambió para siempre. Fue entonces que tuve el primer indicio de que Alex tenía mucho que enseñarme acerca del valor, de la determinación y de mantener el espíritu de lucha.

Semana tras semana, el dominio de Alex sobre sus músculos faciales aumentaba. Uno de sus primeros ejercicios fue soplar dentro de una cañita de beber. La terapeuta sujetaba la cañita a un aparato que hacía subir una pequeña pelota unos treinta centímetros por el tubo, finalmente haciéndola caer al suelo. Para motivar a Alex a que siguiera insistiendo, pusimos una pequeña taza, de las que usan para dar líquidos, llena de agua en la parte superior del aparato, y pedimos "voluntarios" que estuvieran dispuestos a poner la cabeza lo suficientemente cerca para que cuando Alex soplara fuerte se volcara la taza y le salpicara la cabeza al voluntario. Ver cuando esto sucedía fue todo el aliento que necesitó Alex; muy pronto él estaba soplando en la cañita a todo pulmón.

Alex no quedó satisfecho con su progreso por mucho tiempo. No estaba contento con limitar su habilidad para comunicarse a las expresiones faciales. Ahora que había ganado esa batalla, apenas estaba comenzando la batalla de tratar de que sus labios pronunciaran palabras. La gente que sufre heridas cerebrales graves a menudo tiene que aprender a hablar de nuevo. Alex estaba listo para ese desafío.

Comenzando en algún lugar en la garganta, cada sonido tendría

---

+++ Alex continúa trabajando con ahínco en su terapia. La terapeuta de lenguaje está trabajando para fortalecer los músculos de su cara, haciendo que Alex se comunique con los ojos usando tarjetas y objetos. . . . Alex continúa haciendo sonidos, pero son difíciles de entender. Pudo aumentar el volumen de su voz un poco cuando se lo pidió la terapeuta de lenguaje. Con toda honestidad, los tres que estábamos en el cuarto pensamos que la palabra que Alex estaba tratando de decir era *Jesús*.

Ayer fue un poco difícil para mí porque tuve emociones encontradas mientras observaba a Alex. Todo lo que él hace es literalmente un milagro. Está mucho más consciente, y trata con mucho ahínco. Al mismo tiempo, es difícil creer que mi brillante niñito esté luchando tanto para emitir un sonido. He llorado un par de veces cuando veo su dolor y frustración. Aunque parezca raro, como es a menudo en la vida, el progreso lleva a un nivel más intenso de lucha.

PrayforAlex.com,
anotación de Kevin Malarkey
el 15 de enero, 2005 +++

Antes del accidente

Alex, justo antes de cumplir tres años, con su
mejor amigo recién nacido, Aaron. Los dos
hermanos siempre han sido inseparables.

ARRIBA ▲

Tomada dos semanas antes del
accidente, esta es la última foto de
Gracie, Aaron y Alex juntos y sanos.
A veces me cuesta recordar cómo
era cuando Alex podía caminar.
En momentos así, miro esta foto.

A LA DERECHA ►

Esta no sería la última vez en que
Alex se parecería a Superman.
Algunos años después,
recibiría la "operación de
Christopher Reeve."

The vehicle of Kevin L. Malarkey, 39, of 2109 County Road 57, Huntsville, sits along State Route 47 after it was struck Saturday by a vehicle operated by Emily Jill McCain, 23, of 112 N. Everett St., Apt. A, at the intersection of County Road 9. Mr. Malarkey's 6-year-old son was critically injured in the accident.

Boy critical after crash

Four others also injured in Saturday accident

\By THE EXAMINER STAFF

A 6-year-old Huntsville boy remained in critical condition this morning in the intensive care unit at Children's Hospital in Columbus after a crash Sunday afternoon.

William Alexander Malarkey, 2109 County Road 57, was flown by a MedFlight helicopter to the hospital, where deputies of the Logan County Sheriff's Office report he was on a life support system.

He was injured in a 1:35 p.m. wreck at the intersection of State Route 47 and County Road 9 in which his father, Kevin L. Malarkey, 39, turned in front of a car driven by Emily Jill McCain, 23, of 112 N. Everett St., Apt. A.

Mr. Malarkey was eastbound attempting to turn onto C.R. 9 and failed to see the westbound McCain car, which struck his car, forcing it into a ditch on the northwest corner of the intersection.

Mr. Malarkey, Ms. McCain and her two children, Zoe Madison Gingrey, 6, and Zander B. McCain, 1, were taken to Mary Rutan Hospital by Bellefontaine and Robinaugh squads for less serious injuries.

The father was ejected from the vehicle. There was conflicting information about which occupants of the vehicles were wearing seat belts or child restraints, but the report consistently indicated William was wearing a lap and shoulder belt.

The Bellefontaine Police Department also assisted at the scene.

ARRIBA ▲

Recuerdo haber visto esta historia en una computadora de la unidad de cuidados intensivos unas semanas después del accidente. Fue surrealista leer el nombre de Alex en la página mientras él estaba en estado de coma, luchando por su vida a unos metros de donde yo estaba sentado.

(Ver las páginas 245–246 para la traducción del texto del artículo.)

ABAJO ▼
Uno de los peores momentos de mi vida fue meterme a esta ambulancia mientras Alex se iba en el helicóptero. No podía creer que tenía que estar separado de mi hijo herido.

ARRIBA ▲

No sabemos si esta foto muestra el mismo helicóptero que se usó para salvar a Alex, pero sí sabemos que el personal de MedFlight ayudó a salvarle la vida a Alex mediante su cuidado maravilloso y oraciones sinceras.

En la escena

Esta foto muestra la ilusión mortal de esta pista: parecía estar despejada, pero un descenso escondido ocultó el auto que se aproximaba. Nunca lo vi venir.

ABAJO ▼

Navidad 2004: todos los miembros de nuestra familia estuvimos juntos por primera vez en seis semanas. Aunque no sabíamos qué pasaría con Alex, estábamos tan agradecidos de que aún estuviera con nosotros que no podíamos contener nuestra alegría.

ARRIBA ▲

Aún en estado de coma, Alex está sentado en su silla de ruedas usando un aparato ortopédico en la espalda. (Se puede ver a "Doggie," el peluche favorito de Alex, en esta foto y en algunas otras. Él ha pasado por muchas cirugías con Alex y lo ha acompañado en la ambulancia.)

Recuperación

A LA DERECHA ▶

Nuestra placa habla por sí misma: dice "caminará." Alex cree que caminará otra vez . . . y yo también lo creo.

ABAJO ▼

Este es el cuadro que se describe en el capítulo 6. Una amiga tuvo una visión de tres ángeles rodeando a Alex. Unas semanas después, supimos que otra mujer (totalmente desconocida por la primera) había pintado este cuadro al mismo tiempo.

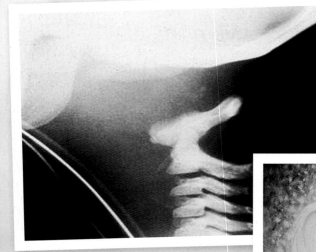

ARRIBA ▲

Ver esta imagen me impresionó. ¿Por qué? Lea la historia completa en el capítulo 3.

ARRIBA ▲

Todavía me saltan lágrimas cuando miro esta foto; fue la primera vez en que pude, por fin, abrazar a Alex otra vez. Fue un día maravilloso.

Bienvenido a casa, Alex

◀ A LA IZQUIERDA
Unos amigos nos sorprendieron decorando nuestra casa para la llegada de Alex. Llegó con mucha alegría y con una enfermera, una terapeuta de respiración, dos paramédicos y dos padres nerviosos . . . pero volvería al hospital sólo unos días después.

Regreso a casa

Aquí le están tomando medidas a Alex para su silla de ruedas, que podría manejar moviendo su barbilla.

Para mantener su cuerpo en movimiento, Alex camina en su grúa Hoyer y en la rueda de andar, y hasta nada en la piscina. No le tiene miedo a nada.

El nuevo normal

Ya sea a una fiesta de toda la noche en el gimnasio de la iglesia o a una práctica de fútbol con nuestro héroe, el entrenador Jim Tressel, trasladar a Alex requiere de muchos voluntarios, muchos vehículos y muchas horas . . . pero, sin duda, él vale la pena.

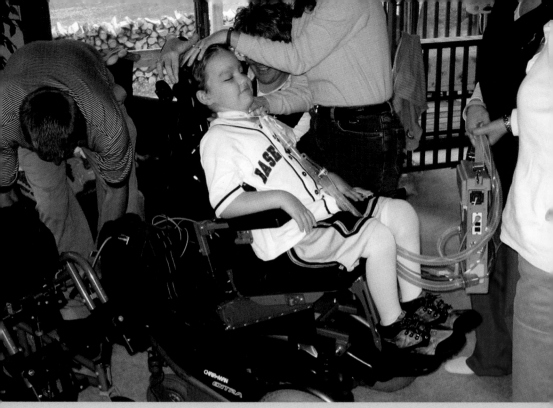

Hacer historia

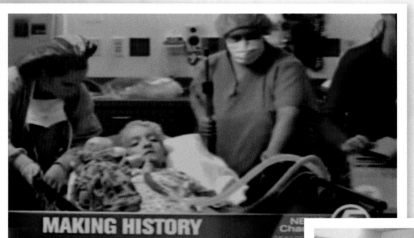

ABAJO ▼

El Dr. Raymond Onders, cirujano de renombre mundial, practicó la innovadora intervención quirúrgica. Trató a Alex con asombrosa atención personal y sigue siendo amigo de nuestra familia.

ARRIBA ▲

En 2009, Alex estuvo en las noticias internacionales por ser el primer niño sometido a la cirugía hecha famosa por el actor Christopher Reeve.

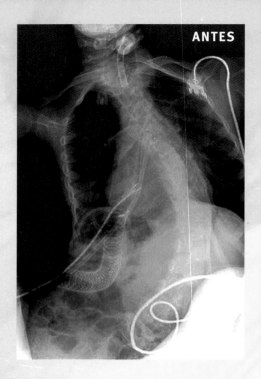

ANTES

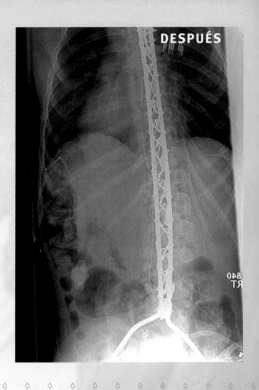

DESPUÉS

Derecho, hacia adelante

ARRIBA ▲

Estos rayos X son de antes y después de otra cirugía que recibió Alex.
Esta intervención enderezó la columna vertebral de Alex, que había tenido
una curvatura de 89 grados.

ABAJO ▼

Para Beth y para mí, nuestros hijos —Aaron,
Alex, Gracie y Ryan— son el gozo de nuestra
vida. Quizás esta foto familiar no sea
tradicional, pero está llena de
felicidad y amor. Por favor,
no sienta lástima por
nosotros . . . pues
nosotros no sentimos
ninguna.

que hacer el tortuoso viaje sobre la lengua y salirle por los labios. Al principio, la mayoría era ruido intenso, pero incomprensible. Él trabajaba lo mejor que podía para sacar los sonidos de la garganta y la boca, y nosotros pasábamos los siguientes cinco o diez minutos tratando de descifrar su significado. A continuación Alex nos daba la señal que quería decir *no* hasta que nosotros decíamos la palabra correcta. Éramos como lingüistas tratando de establecer las bases de comunicación en una lengua desconocida. Era como si estuviéramos excavando para tratar de sacar piedras preciosas, y nos regocijábamos con cada una de las palabras.

Como todas las cosas que valen la pena, el verdadero trabajo comenzó después de que la diversión de la nueva iniciativa había cesado. A medida que Alex trataba de formar las palabras, nosotros nos sentíamos tanto emocionados como frustrados. Queríamos tanto tener una conversación normal con él, y Alex trabajaba incansablemente para que eso sucediera. Simplemente teníamos que estar allí con él hasta poder darnos cuenta de lo que él trataba de decir. También podía ser frustrante para él, pero la paciencia y la determinación de Alex eran casi milagrosas. Aun un niño de seis años tiene pensamientos, sentimientos y reacciones complejos que compartir, y nosotros nos preguntábamos qué había dentro de él que pudiera ser más profundo que un simple sí o no.

Todos necesitábamos perseverar. En medio de este esfuerzo, a Beth se le ocurrió una idea brillante, que yo, el psicoterapeuta de la familia, tuve que admirar. Ella proclamó una regla que impedía que Alex tratara de comunicar algo que él *no* podía hacer. Nosotros continuaríamos tratando de descifrar lo que él decía, pero si determinábamos que él estaba tratando de hablar sobre algo que no podía hacer, nos deteníamos y le pedíamos que dijera tres cosas que sí podía hacer. Era una página que venía directamente de la filosofía de mi padre, y le dio el tono a la clase de actitud emocional positiva que Alex ya tenía y que era vital que mantuviera.

Durante muchos meses, parecía que Alex no supiera o le importara que estuviéramos presentes. Ahora, cuando salíamos del cuarto, se molestaba visiblemente y tenía una gran cantidad de expresiones para expresar su descontento. Todos necesitamos ser necesitados. Tal vez es por eso que a mí me encantaba que Alex se sintiera molesto cuando nosotros salíamos de su cuarto. Después de no haber sabido si él regresaría a nosotros, fue alentador que cuando regresó, me necesitara.

Ángeles en la unidad de rehabilitación

Qué adelanto tan alegre fue cuando Alex salió del estado de coma, cuando regresó a nosotros —una respuesta directa a las oraciones de miles de personas, una bendición directa a su mamá y a su papá. Unas dos semanas más tarde, cuando lo fui a visitar una noche, yo todavía me encontraba en éxtasis por esa ocasión tan trascendental. Cuando entré al cuarto, encontré que Margaret, una nueva conocida de una iglesia local, estaba allí, pues había firmado en el horario de oración.

Tal vez estaba cansado, o se sentía desanimado, pero cualquiera que fuera la razón, Alex no quería responder *sí* o *no* a la letanía de preguntas que se había convertido en el foco de nuestra interacción en esas dos semanas desde que había recuperado la conciencia. Margaret y yo comenzamos a hablar acerca de varios aspectos de la nueva realidad: Alex estaba consciente e interactuaba con nosotros. Esta época era tan alentadora, llena de nueva esperanza.

Margaret estaba hablando cuando de pronto la expresión de Alex tuvo un cambio dramático. Abrió la boca más de lo que jamás se la había visto abrir, y la dejó abierta, algo que nunca había sucedido

+++ Alex . . . ha demostrado ciertas habilidades que no había logrado hasta hoy. Abrió la boca cuando se lo pidieron, sacó la lengua cuando se lo pidieron y usó el mentón para presionar una palanca y llevar a cabo una acción. También demostró ciertas conexiones entre su cognición, sus emociones y sus movimientos físicos.

La falta de la presencia de la mayoría de esas habilidades fue el tema de discusión en una reunión [ayer]. Parece que cuando el personal médico se reúne para hablar sobre lo que Alex no puede hacer, a Dios le gusta manifestarse al día siguiente y trastocar las cosas un poquito. Yo he estado preocupado acerca del nivel de motivación de Alex, y ahora él nos ha mostrado que puede tener una motivación altísima (usó el mentón para mover una palanca que mueve un juguete durante diez minutos por lo menos). Lo he observado luchar para usar los músculos del lado derecho de su rostro, y usó esos músculos perfectamente mostrando su "rostro sonriente" por lo menos de cinco a diez minutos. Ahora ha demostrado una gama completa de emociones.

Dios está despertando a nuestro hijo un poco más todos los días, y Alex está respondiendo como un guerrero (David). Él ha sido fuerte y valiente como Josué. Pero lo más importante, él ha sido bendecido por un Dios amoroso. Todavía estamos esperando que Dios sople su aliento de vuelta en Alex para que se pueda deshacer del respirador. Todavía creo que eso va a suceder pronto.

Muchas gracias por sus oraciones. Por favor, continúen orando por nosotros para que podamos continuar dándole honor a Dios y vivir conforme a su carácter.

PrayforAlex.com,
anotación de Kevin Malarkey
el 20 de enero, 2005 +++

antes. Al principio, Alex miró directamente al techo de la habitación, pero luego su mirada se dirigió alrededor del cuarto. No volvió a mirar a Margaret ni a mirarme a mí, lo cual era muy inusual. Cuando yo entraba a su cuarto, normalmente fijaba sus ojos en mí durante 90 por ciento del tiempo. Esa noche fue diferente. En las dos horas siguientes, Alex me miró sólo cerca de 20 por ciento del tiempo. Algo raro estaba pasando.

Comencé a formularle una serie de preguntas a Alex, tratando desesperadamente de darme cuenta de lo que estaba sucediendo. Fue algo agotador. Le formulé todas las preguntas que se me ocurrieron —por lo menos cien. Cuando ya no podía pensar en nada más que preguntarle, se me ocurrió: tal vez no estábamos solos. Después de todo, los ángeles lo habían visitado antes, cuando Alex recibió la sanidad de su cuello.

"Alex, ¿hay ángeles en este cuarto con nosotros? Muéstramelo con los ojos."

Una sonrisa aún más grande se dibujó en el rostro de Alex mientras miraba a Margaret. Cuando su sonrisa era de oreja a oreja, yo sabía que la respuesta a la pregunta era *sí*, pero cuando él miró a Margaret, me sentí un poco confundido.

"¿Es Margaret un ángel?"

Alex frunció los labios para indicar *no*.

"Está bien, Alex, ¿está el ángel *detrás* de Margaret?"

Alex arqueó la comisura de sus labios para indicar *sí*.

Al principio, Alex indicó que había muchos ángeles en la habitación, pero luego la mayoría de los ángeles se fue y sólo quedaron tres. Para saber cuántos ángeles había presente, yo le dije números hasta que me indicó un *sí*. Luego las cosas cambiaron de nuevo. Parecía que Alex estaba tratando de hablar. Miramos con intensidad mientras Alex

+++ Le dije a Kevin que si yo no hubiera estado allí y hubiera estado leyendo simplemente lo que se escribe aquí, es probable que hubiera dudado de lo que sucedió; no de la honestidad de Kevin, sino que tal vez él estaba esperando demasiado. Por favor, cuando lea esto considere que yo soy una persona a quien le tienen que probar las cosas. Es probable que yo hubiera estado detrás de Tomás esperando mi turno para tocarle las cicatrices de las manos a Jesús.

Hace treinta y dos años que acepté a Jesús como mi Salvador, y nunca había experimentado lo que experimenté [aquella] noche. Durante los primeros cuarenta y cinco minutos que Kevin estuvo allí, él tuvo la atención completa de Alex —que entiendo es lo que siempre sucede. Una vez que Alex comenzó a abrir la boca y a mirar a su alrededor, las únicas veces que él se enfocaba en su padre era cuando le formulábamos preguntas. Todo lo que ha leído sobre los mensajes de los dos ángeles ha sucedido, pero quisiera que todos los que leen esto hubieran podido ver el rostro de Alex. Estaba verdaderamente radiante.

Margaret Mokry +++

luchaba por formar una palabra. Después de un enorme esfuerzo que visiblemente requirió todas las fibras de su voluntad, ¡Alex dijo: "*Mom* (mamá)"! Entonces, como para asegurarse de que la palabra no se le iba a escapar, comenzó a decirla una y otra vez. Mi corazón no podía contener la alegría de ese momento de triunfo. A estas alturas, yo ya había llorado mucho, pero estas lágrimas me gustaron mucho más.

No puedo esperar para decirle a Beth, pensé. Entonces Alex movió los labios para decir otra palabra. Ahora estaba tratando de decir

"*Dad* (papá)," pero como el sonido de la *d* precisa el uso de la lengua, le resultó muy difícil; de todas formas fue un gran triunfo. El rostro de Alex brillaba mientras hablaba de los ángeles; sus respuestas *sí* ahora eran indicadas por enormes sonrisas en lugar de arquear la comisura de los labios como hacía normalmente.

Alex había dicho su primera palabra. ¿Era esta la razón por la que los ángeles habían venido? Yo creo que sí. ¿Suena extraño esto? Si le resulta difícil leer esto y creerlo, debería tratar de escribirlo como estoy haciendo yo. Imagínese cómo me siento. Yo vengo de un trasfondo evangélico conservador. Estos hechos no son parte ni de mi experiencia ni de mi entorno, pero no puedo negar ni ignorar lo que sucedió.

Nunca he visto a un ángel, pero sin la menor duda ni vacilación, digo que estoy seguro de haber visto a mi hijo interactuar con ellos. Margaret comparte esta convicción. Puede sonar descabellado, pero sucedió. Dejaré las explicaciones a los teólogos.

De Alex
Los ángeles me ayudan

Confío en él con todo mi corazón. Me da su
ayuda y mi corazón se llena de alegría; prorrumpo
en canciones de acción de gracias.

SALMO 28:7

Yo había visto muchos ángeles en el Cielo, pero eso fue cuando no estaba en mi cuerpo.

Después de dos meses, finalmente salí del estado de coma, pero no podía hablar. Yo sabía lo que quería decir, pero no lo podía decir. Eso era muy duro.

Podía fruncir los labios para decir no, y mover el costado de la boca para decir sí. También podía poner los ojos en blanco, lo que quería decir "no sé." Pero eso era todo.

Una noche, como dos semanas después que salí del estado de coma, papi y una amiga llamada Margaret estaban conmigo. Yo estaba cansado y no tenía ganas de contestar preguntas, así que papi y Margaret estaban hablando entre ellos.

Entonces sucedió algo. Vi ángeles en el cuarto. Estaban por todos lados. Eso me hizo sonreír de oreja a oreja. Nunca había mantenido la boca abierta por mucho tiempo, pero ahora no podía cerrarla.

Estaba contento de que los ángeles hubieran venido, pero había tantos que también tuve un poco de miedo. Papi nunca me había visto sonreír de esa manera, y trató de entender lo que yo estaba haciendo.

Papi comenzó a hacerme muchas preguntas para tratar de entender. Llevó mucho tiempo, pero finalmente papi me preguntó: "Alex, ¿ves ángeles?" La sonrisa se me hizo aún más grande, y entonces papi y Margaret supieron que había ángeles en mi cuarto.

Yo no podía dejar de mirarlos. Entonces los ángeles empezaron a ayudarme.

Algunos de los ángeles me pusieron las manos en el pecho y me estaban ayudando a respirar. Otros empezaron a ayudarme a hablar. Empecé a tratar de formar palabras con la boca y de repente dije "mamá." Cuando dije esa palabra, me sentí muy feliz y la repetí muchas veces. Luego traté de formar la palabra *papi*, pero no pude hacer que me saliera de la boca.

Los ángeles me podían escuchar hablar, y ellos me hablaron dándome ánimo.

CAPÍTULO 7

DE REGRESO A CASA

"¿Crees que debo dar vuelta al automóvil y
guiar la ambulancia de regreso adonde salimos?
¿Estamos cometiendo un enorme error?"

HACÍA YA VARIOS meses que el Hospital de Niños de Columbus se
había convertido en nuestro segundo hogar. El ministerio del pueblo
de Dios había impedido que nuestras vidas se desmoronaran completamente, y estábamos muy agradecidos. Pero ahora debíamos estar
en nuestro hogar. El poder traer a Alex a nuestra casa requería tres
cosas. Él debía estar fuerte y estable; Beth y yo debíamos estar listos
(con el conocimiento suficiente) para cuidarlo; y nuestra casa debía
estar lista para poderla habitar.

Yo continuaba creyendo que Alex respiraría por sí mismo antes
de salir del hospital, pero no sucedió. Un nuevo tubo traqueal lo
ayudaba a aliviar la incomodidad que Alex sentía con el equipo de
respirar, pero él realmente quería dejar de usar ese equipo. También
se estaba anquilosando y necesitaba hacer ejercicios de elongación
para mantener su cuerpo flexible.

A través de todo esto, Alex nunca perdió su sentido del humor, el cual regresó con él cuando salió del estado de coma. En forma juguetona, había apodado a una de sus asistentes "Jane, la pesada."

Alex nos aseguró que los ángeles continuaban visitándolo. Por ejemplo, cuando el pastor estaba allí orando por él, había cuatro ángeles presentes, aunque sólo Alex los podía ver o escuchar. (A muchos kilómetros de distancia, nosotros teníamos ocho ángeles propios, pero eran de los que se ven y hacen ruido. Estábamos muy agradecidos por la "cirugía" que le estaban haciendo a nuestra semidestruida casa.)

Después de meses de vivir la mitad de nuestras vidas en el hospital y de tratar de hacer todo lo demás en un universo paralelo, Beth y yo nos estábamos agotando, y teníamos algunos problemas en nuestra relación. Hubo muchas veces en que hubiera querido no haber dicho ciertas palabras ni haber desplegado malas actitudes. Sé que Beth se sentía igual. La verdad es que a veces nos mostrábamos el peor lado y, frecuentemente, frente a otras personas. No nos sentimos orgullosos de nuestro comportamiento, pero una evaluación honesta de esos tiempos no debe encubrir el trauma por el que pasó nuestro matrimonio en medio de todo lo demás. Hubo demasiadas exigencias: cuidar de Alex, suplir las necesidades de amor y físicas de otros tres hijos, reparar nuestra casa, volver a trabajar en mi profesión —sabíamos que no podíamos mantener esa clase de rutina eternamente. Varias veces nos volvimos a comprometer a alentarnos y apoyarnos mutuamente, a dormir lo suficiente y a depender de las oraciones de las muchas personas que nos apoyaban.

Estresados pero bendecidos

En los últimos días en el Hospital de Niños, aumentaron las tensiones. Estábamos faltos de sueño. Nos dieron un curso relámpago sobre cómo cuidar a nuestro hijo —que estaba tetrapléjico y en un respirador—, y sentíamos que nuestra preparación era inadecuada para el desafío. Esas horas de desesperación nos llevaron hasta el límite, y, nuevamente, fracasamos en cuanto a vivir de acuerdo a nuestros ideales de lo que debe ser un matrimonio cristiano. No quiero dar disculpas por nuestro pecado, pero mirando retrospectivamente, creemos que abarcamos mucho demasiado pronto.

+++ Han habido noches, semanas y días en que he estado tan agotada físicamente que no sabía cómo podía funcionar, moverme o respirar. Mi carácter, mi espiritualidad y mi relación con Jesús han sido probados. No ha quedado nada sin usar para tratar de detenerme. Lo fantástico es que Dios no sólo me dio un corazón compasivo porque sufro cuando otras personas sufren, sino que también me dio testadurez —de la clase buena. Él sabe que yo no voy a cejar.

Le digo a la gente: "Me gustaría poder atribuirme el crédito por algunas de estas cosas, pero no lo puedo hacer." Sólo lo puedo explicar diciendo que es Dios. Reconozco su poder, sabiduría, conocimiento y comprensión sobrenaturales todo el tiempo. He aprendido a apoyarme en el Salvador.

Beth Malarkey, la madre de Alex +++

Las personas con las que nos comunicábamos por Internet creyeron que habíamos desaparecido del mapa. Cuando llegábamos a nuestro hogar caíamos rendidos en la cama, sólo para despertar y volver a la próxima tarea de alta prioridad después de unas pocas horas de sueño. Beth se sentía totalmente abrumada, y yo sentía que no podía hacer nada para alentarla —yo también me sentía al límite en ese tiempo. También me preocupaba que no estaba al tanto de la vida de mis otros tres hijos porque simplemente no había suficientes horas en el día para cumplir con todas mis responsabilidades.

En esos últimos días en el hospital, Alex estaba aprendiendo a trabajar con computadoras por sí mismo, y no nos sorprendió que estuviera muy entusiasmado con esa oportunidad. Llamó a la computadora Alex 2, y la operaba con un interruptor en la cara. También podía usar los músculos faciales para pilotear una silla de ruedas eléctrica por todo el hospital. Muy pronto nos llegaron informes de que él se estaba vengando de Jane, la pesada, y de otros, chocándolos en los pasillos.

Su actitud continuaba maravillando a todo el mundo. Él pensaba que su examen de resonancia magnética era divertido. También consiguió que las enfermeras lo llevaran al laboratorio de radiografías, y convenció al técnico que les tomara radiografías a dos de sus animalitos de peluche. Demostró una actitud muy positiva en cuanto a su silla de ruedas y a cada nuevo desafío que agregaban a su mundo. Trabajó incansablemente para recuperar la capacidad de hablar. Todos los que vieron a Alex esforzarse y luchar por cada centímetro de terreno se sintieron alentados, incluyendo a sus padres.

Sin embargo, durante ese tiempo, Alex comenzó a sentir algo de dolor por lo que había perdido. Una noche, después de orar, nos dijo que desearía poder montar su bicicleta. A medida que las extremidades se le anquilosaban, la memoria se le agilizaba, y recordaba todas las cosas que hacía antes, como treparse a los árboles, jugar ciertos juegos y montar su bicicleta. Su vida anterior de niño pequeño volvió a enfocársele en la mente, sólo para recordarle las cosas que ahora estaban fuera de su alcance.

Lo principal del cuidado que Beth y yo debíamos llegar a dominar era cambiarle el tubo de la tráquea a Alex. Era una tarea compleja que al principio nos atemorizó, pero que pronto efectuamos sin problema alguno.

Cada vez que pensábamos que ya no podíamos más, Dios estaba allí para mostrarnos el cuadro más grande, para revelarnos sus planes para nosotros. Nos hizo sentir humildes muchas veces al demostrarnos lo mucho que nos amaba y lo mucho que nos había bendecido.

Mientras Alex estaba viendo ángeles en el hospital, nosotros estábamos experimentando ángeles de otra clase. Ocho hombres estaban trabajando incansablemente para reconstruir el techo de nuestra casa, dejándolo mejor que antes de que el árbol lo destruyera. Otros voluntarios trabajaron para reparar problemas que habíamos descubierto en nuestra nueva casa después del accidente. Instalaron un sistema completo (y muy caro) de filtración de agua. Los ángeles constructores de Dios invirtieron incontables horas de trabajo en plomería, ventilación y otras cosas esenciales para el funcionamiento de una casa.

+++

Estamos cansados, pero estamos luchando para que otras personas puedan ver a Dios (aunque a veces no nos parecemos mucho a los discípulos de Cristo). . . . Dios es nuestra fortaleza, pero ustedes son sus manos y pies.

PrayforAlex.com,
anotación de Kevin Malarkey
el 10 de diciembre, 2004

Alguien donó $1.500 para comprar un colchón especial que Alex necesitaba. Entonces, cuando el dueño de la fábrica de colchones leyó sobre eso en nuestro sitio Internet, llamó al donador, consiguió su dirección y le devolvió el cheque por correo. Alguien más nos compró aparatos de cocina nuevos.

Sólo he tocado la punta del iceberg. Que Dios supliera nuestras necesidades se hizo tan común que estuvimos en peligro de dar por sentado lo que Dios estaba haciendo a través de sus seguidores para suplir nuestras necesidades y mostrar el amor que puede existir entre sus hijos. Como dice la Biblia: "El amor que tengan unos por otros será la prueba ante el mundo de que son mis discípulos" (Juan 13:35).

Llegó el día del regreso de Alex a nuestro hogar. La casa estaba lista, pero ¿lo estábamos nosotros? Por cierto que no nos sentíamos listos. Llevando al pequeño Ryan, Beth condujo su automóvil hasta el hospital para nuestra reunión final con el personal el 14 de febrero de 2005. Yo estaba comunicado por medio de una conferencia telefónica, puesto que estaba cuidando a Gracie y a Aaron en nuestra casa. A estas alturas, lo que más me preocupaba era el estado mental de Beth. Ella estaba extenuada mental, física y emocionalmente, y me preocupaba que debido a mi impaciencia e insensibilidad, estaba empeorando su lucha en lugar de aminorarla.

Alex llegaría a nuestra casa a la mañana siguiente en una ambulancia. Estaba tan entusiasmado que casi podría haber venido flotando. En lugar de tener que esperar que los miembros de la familia lo fueran a visitar, él estaría con nosotros todo el tiempo. Cuando le recordé a Alex que vería a Sadie, su perra, por primera vez en tres meses, una enorme sonrisa le cubrió el rostro.

Todos estábamos muy felices de que Alex estuviera regresando a casa, pero a pesar de todos nuestros preparativos, sentíamos que todavía no estábamos listos para su llegada.

Beth escucha acerca del Cielo

Mientras las enfermeras entraban y salían del cuarto, Beth le cambió el tubo de la tráquea a Alex, con miríadas de detalles arremolinándose en su ya sobrecargada mente. Alex esperó hasta que Beth terminó, y luego indicó que quería estar solo con mami y el bebé Ryan. El personal del hospital respetuosamente salió del cuarto y cerró la puerta. *¿Qué tiene Alex en mente?*, se preguntó Beth mientras lo acurrucaba contra sí. Alex estaba en la etapa en que sólo podía formar palabras con los labios y hacer un débil murmullo. Beth se inclinó y escuchó. Alex le dijo: —Quiero hablarte del accidente.

—Está bien, tesoro, ¿qué quieres decirme?

La voz de Beth fue normal, pero su espíritu se sobresaltó. Este era el último tema que ella esperaba que Alex le hablara momentos antes de regresar al hogar. Y era la primera vez que Alex nos había hablado del día del accidente.

—Jesús vino y me sacó del auto y me mantuvo muy cerca de él durante todo el tiempo. Yo estaba arriba de mi cuerpo, mirando a todos los que estaban trabajando en mí. Yo estaba seguro. Jesús estaba hablándome, diciéndome que yo iba a estar bien, así que nunca tuve miedo.

Cuando dijo esto, una sonrisa radiante le iluminó el rostro a Alex. Por tanto tiempo había querido compartir esa experiencia y ahora estaba adquiriendo la habilidad de formar palabras con la boca, aun cuando no podía sacar mucho sonido de sus labios.

—¿Qué más viste?

—Vi cuando sacaron a papi del auto. Los ángeles lo colocaron en la zanja.

Beth entendió lo que Alex quiso decir con "sacaron." Él estaba diciendo que su papi no había salido volando del automóvil, ni que había caminado, aturdido, por el lugar. Los ángeles literalmente habían llevado su cuerpo a un lugar seguro.

—Entonces vi que papi gritaba mi nombre: "¡Alex! ¡Alex! ¡Alex!" Papi no sabía adónde estaba yo y estaba preocupado por mí.

—¿Te entristeció eso, querido?

—No. Yo no estaba triste. Estaba con Jesús. Entonces llegaron muchos bomberos más. Un bombero le trajo el teléfono a papi y yo lo vi hacer una llamada.

La mente de Beth de inmediato pensó en esa llamada. Hablando humanamente, Alex no tenía forma de saber nada de eso.

—Otro bombero me puso algo en la boca para ayudarme a respirar. Una enfermera me ayudó en el auto. Los bomberos me sacaron del auto y me pusieron en una tabla plana. Me cortaron la camisa. Era mi camisa a cuadros. También me sacaron los zapatos. Papi fue hasta el helicóptero para hablar con el hombre del traje azul.

—Alex, ¿quieres decir el hombre del traje anaranjado? Creo que eso es lo que tal vez estuviera usando.

—No, mami. ¡Era un traje azul!

Ese habría sido el hombre de la compañía MedFlight, el grupo de transporte médico aéreo que había provisto el helicóptero. Más tarde Beth me preguntó acerca del uniforme del hombre, porque cuando Dave le había hablado a ella en el hospital, estaba segura de que estaba en un traje color naranja. Pero yo le dije que Alex tenía razón, en realidad el traje era azul.

—Vi cuando el hombre del helicóptero se inclinó sobre mí y oró por mí. Luego pusieron también a papi en una tabla plana antes de ponerlo en la ambulancia. También le cortaron la ropa.

Todo esto era verdad, y no había forma de que él lo supiera. Había estado inconsciente desde el accidente, y cuando el personal médico me estaba atendiendo a mí, él ya estaba en el helicóptero, camino al Hospital de Niños.

—Tesoro, dime adónde fuiste —continuó Beth.

—Mami, yo estaba con Jesús, pero mi cuerpo, que estaba abajo, no estaba respirando. Pero Jesús me dijo: "No debes preocuparte. Vas a respirar de nuevo."

—¿Te dijo cuándo?

—No, no me dijo.

—¿Había ángeles?

—Sí, también estaban allí.

—¿Te acuerdas de alguna otra cosa, tesoro?

—¡Mis Barney estaban por todos lados!

Beth se rió. Casi nos habíamos olvidado de los raídos trozos de tela que siempre llevaba en lugar de una frazadita para darle seguridad emocional. Tal como dijo, los Barney habían volado por todos lados.

—Y me acuerdo del cuarto en el que me atendieron cuando llegué al hospital. Había mucha gente. ¿Tal vez . . . veinte personas? Todos ellos trabajaban para ayudarme. Todos dijeron que tenía heridas graves, y estaban muy tristes.

—¿Te dio miedo eso?

—No. Nunca tuve miedo mientras Jesús estuvo conmigo. Jesús me dijo que te debería decir todo esto.

—Gracias, tesoro. Me alegra que me lo hayas dicho.

Beth tomó un momento para reflexionar sobre esta sorprendente conversación y lo que la había generado. Con demasiadas cosas que hacer en casa, ella no había planeado ir a la reunión de hoy. Ella estaba que ya no daba más en todos los aspectos concebibles, y con Alex llegando a casa, la vida no iba a ser más simple. El plan había sido que ella se quedara en casa y que yo fuera a la reunión, pero cambiamos de idea al último minuto . . . o más bien, Dios cambió el plan. Jesús había querido que Beth estuviera allí. Jesús tenía un mensaje para ella a través de su hijo Alex. *Bien, Señor*, pensó ella. *Tienes mi atención; te estoy escuchando.*

Había comenzado la mañana sintiéndose abrumada, preguntándose cómo podría seguir adelante. Ahora le fue revelado con mucha claridad, a través de la boca de un niño, que Dios todavía estaba en control. Su gracia era suficiente. Alex nunca había tenido miedo porque había estado con Jesús. ¿No debería ella también estar descansando en Jesús? El mensaje no podría haber sido más directo. En la quietud de ese cuarto, Beth le dio gracias a Dios en silencio. Y al igual que en ese momento con Alex, hemos encontrado una y otra vez que cuando estamos más desesperados por Dios, él está en todos lados para ser encontrado.

Más tarde ese mismo día, llegué al cuarto del hospital de Alex para llevarme sus últimas pertenencias. Mientras lo hacía, una vocecita —hermosa, mágica, maravillosa— llegó a mis oídos desde la cama.

"Papá."

El gozo me invadió el corazón mientras me daba la vuelta para mirar el rostro sonriente y alborozado de Alex. Él había luchado tanto unos días atrás para decir mi nombre, y ahora lo dijo con perfecta claridad, horas antes de estar listos para salir del hospital. Lágrimas de felicidad me corrieron libremente por el rostro. Justo cuando Alex encontró su voz, yo perdí la mía. Pero eso no me impidió hacer una serie de llamadas telefónicas incoherentes, tratando de decirle a todo el mundo lo que acababa de pasar.

Ese día se cumplían tres meses exactos desde el día en que yo lo había escuchado decirme algo desde el asiento posterior de nuestro automóvil.

¿Era un regalo de despedida o un regalo de regreso al hogar?

Todo lo que pude pensar fue: *¡Gracias, Señor! Muchas gracias.*

En casa, pero ¿realmente?

A la mañana siguiente, regresé al hospital. Puesto que virtualmente habíamos vivido en el Hospital de Niños durante los últimos tres meses, la parafernalia de la vida había aumentado a proporciones astronómicas. Tuvimos que cargar la furgoneta varias veces para la mudanza de Alex desde el hospital a nuestra casa, y ¡eso era solamente nuestras cosas! El verdadero desafío era transportar a Alex en la ambulancia. Beth y nuestros otros tres hijos esperaron en casa mientras Alex y yo esperábamos en el hospital. La Biblia dice que Dios estará con nosotros cuando pasemos por aguas profundas, supliéndonos la gracia que necesitamos. Tal vez por eso es que yo no sabía que ese sería sólo el primero de doce viajes en ambulancia que Alex y yo haríamos en los siguientes pocos meses. Si lo hubiera sabido el día que lo trajimos a casa, se me hubiera destrozado el corazón. Lo que tenía en la mente, mientras conducía mi automóvil hacia nuestro hogar con la ambulancia de Alex siguiéndome, era que *íbamos a casa en forma definitiva.*

La perspectiva de no tener que hacer el viaje de ida y vuelta al hospital era un alivio inmenso, pero aun así es difícil comunicarle a los no iniciados la tensión física, emocional y relacional que es proveer cuidados intensivos las veinticuatro horas del día, todos los días. A menos que usted haya estado viviendo esa situación, la imaginación no le va a dar el cuadro completo. Al igual que un lápiz que ha estado demasiado tiempo en el sacapuntas, Beth y yo estábamos tan agotados en ese entonces que todo lo que podíamos hacer era sobrevivir. El hecho de mantener funcionando a la familia era más de lo que podíamos hacer, pero lo hicimos, y lo hicimos de buena voluntad. Como consecuencia, Beth y yo no teníamos nada el uno para el otro. Nunca consideraría el divorcio, pero no tengo dificultad en entender por qué los matrimonios que no se basan en la Roca, y que pasan por circunstancias traumáticas, terminan allí.

Teníamos mucha ansiedad, por no decir más, en cuanto a ser directamente responsables del cuidado de Alex en nuestro hogar, con "el personal de respaldo" a muchos kilómetros de distancia. Teníamos tantas preguntas. ¿Cómo sería cuidar a Alex bajo nuestro techo? ¿Podríamos realizar la tarea aun con la ayuda de la visita de enfermeras? ¿Y si se presentaba una emergencia médica? También teníamos preguntas en cuanto a Alex. ¿Cuánto tiempo se iba a mantener su espíritu juvenil? Él había demostrado muy buen ánimo, una actitud muy positiva y también un espíritu de lucha. En él no había ni una pizca de derrota. ¿Cuántos de nosotros nos hubiéramos desesperado al despertar paralíticos y conectados a un respirador? Pero ¿había un límite? ¿Podríamos nosotros, como las personas que lo cuidaban, seguir su ejemplo y no convertirnos en influencias desalentadoras en su vida? A veces parecía que *él* era el que nos alentaba a *nosotros*.

En medio de nuestras debilidades carnales, Dios nunca había estado más presente en nuestra vida, y yo se lo agradecí y lo alabé. Pero había tantas otras necesidades. Tuve que confesar mucho miedo y desconfianza acerca del futuro. Lo que más quería era que todo esto saliera bien y probarle a toda la gente que había dicho que ni Alex ni nosotros podríamos manejar su cuidado en casa que estaba equivocada. Sin embargo, en lo más profundo me preguntaba si estábamos haciendo lo correcto.

Beth luchaba tanto como yo. Ella realmente necesitaba la fortaleza y el valor del Señor, y el apoyo constante de su esposo. Estaba preocupada por la situación de los cuidados médicos, que era complicada de establecer y mantener. Aunque Beth y yo somos por naturaleza independientes, nos habíamos vuelto dependientes de la asistencia médica profesional. Se habían convertido en nuestra tabla de salvación. Alex había tenido bastantes emergencias menores durante el tiempo que había estado en el hospital. ¿Qué haríamos nosotros en una emergencia "menor" si el personal de enfermería estaba ausente? Con Alex en el respirador, estábamos consciente en todo momento de la urgencia de su próxima respiración. Unos pocos momentos de mal funcionamiento podrían significar su muerte. Este pensamiento por sí solo afectaba adversamente nuestras emociones.

Así que este era un paso monumental. Cuántas veces habíamos orado con fervor por este día, por su regreso al hogar, pero como dicen, tenga cuidado con lo que pide. Lo que habíamos ganado al estar juntos como familia lo habíamos perdido en cuanto a la atención médica y a la ayuda profesional inmediata.

Continué por la carretera hacia mi hogar con la ambulancia siguiéndome unos cien metros detrás. Los arreglos para el cuidado médico en el hogar todavía no habían finalizado. ¿No podía esa gente ponerse de acuerdo en cuanto a los horarios? Al igual que la mayor parte de las personas, aun en un día bueno, tengo muy poca paciencia para el papeleo y la burocracia. Hoy, con Alex llegando a casa, asumiendo toda la responsabilidad por su cuidado . . . *Señor, ayúdame a tranquilizarme.*

Suspiré y llamé a otra persona: una amiga que es enfermera. Después de confesarle mis dudas y mi creciente ansiedad, le pregunté: "¿Crees que debo dar vuelta al automóvil y guiar la ambulancia de regreso adonde salimos? ¿Estamos cometiendo un enorme error? Tal vez no estamos listos. Dime lo que verdaderamente piensas."

Ella me alentó para que me tranquilizara, y en unos pocos minutos por fin había llegado a nuestro largo camino de entrada. Al dar la última vuelta, vi a Beth, con el bebé Ryan en los brazos, a Aaron y a Gracie, saltando de alegría y dirigiéndome con los brazos para ir hacia ellos. Sus rostros resplandecientes era lo que mi corazón necesitaba. En esos pocos segundos, lo peor de mi ansiedad se desvaneció. Tenía tanto por lo que estar agradecido: mi esposa, mis hijos y Alex, despierto y en casa, con su mente y espíritu intactos. Sí, por cierto, mucho por lo que dar gracias.

Estacioné cerca de la casa y muy pronto fui rodeado por mi familia, pero muy pronto la atracción principal captó la atención de todos. Las lágrimas nos bañaban el rostro mientras Alex, asegurado con correas a una camilla, era bajado por una rampa. De alguna forma la llegada de Alex marcó el final de algo y el comienzo de otra cosa. No habíamos anticipado nuestra respuesta a su llegada y no podíamos dejar de llorar. Es gracioso cómo un momento así puede afectar a una persona desprevenida. La presencia de los paramédicos, de una terapeuta experta en problemas respiratorios y otro personal médico muy pronto nos hizo reenfocar la atención en la labor de ingresar a Alex y a todo el equipo médico a nuestra casa.

En casa pero no solos

Habíamos decorado las paredes con letreros de colores dándole la bienvenida a Alex. Beth había trabajado muchas horas preparando la casa, ordenando los cuartos para la corriente constante de visitantes y haciendo lugar para todo el equipo médico que necesitaría ser instalado. Al mismo tiempo, por supuesto, tenía tres hijos pequeños que cuidar —dos de los cuales eran muy dinámicos.

Las comidas comenzaron a aparecer como maná del Cielo. Las maravillosas personas de la iglesia hicieron lo que hace el pueblo de Dios con excelencia: el ministerio de las comidas listas para comer.

Habían organizado un plan para asegurarse de que Beth por lo menos no tendría que trabajar preparando comidas.

Dos hombres llegaron para armar un columpio, que había estado en su embalaje todos estos meses desde que habíamos comprado la casa. Y esa es la forma en que se llevarían a cabo las tareas en nuestra casa por largo tiempo. Cuando había trabajo por hacer, dos o más hombres llegaban y lo hacían. Nuestro pastor era un visitante regular, lo mismo que otros que querían orar por nosotros y ofrecernos amor y aliento. Una cosa con la cual no tuvimos que lidiar fue con el sentirnos solos. Sentimos un increíble apoyo local y de lugares lejanos.

Otros profesionales médicos comenzaron a llegar a intervalos regulares. Había un terapeuta ocupacional, un fisioterapeuta, un especialista en lenguaje, un terapeuta en problemas respiratorios y un grupo de enfermeros que trabajaba turnos de doce horas en nuestra casa, por lo general seis días por semana. Además, su supervisor venía a veces para asegurarse de que todo marchara bien y para hacer sugerencias. Todas estas personas amaban a Alex, y él las amaba a ellas, y respondía a sus instrucciones con un esfuerzo sobrehumano. Por lo menos, en el futuro inmediato no estaríamos solos. Pero aun con toda esta ayuda, el hospital parecía estar a años luz de distancia.

El porche del frente comenzó a llenarse de cajas extrañas a medida que el camión de reparto nos dejaba cajas de medicamentos virtualmente a diario. El hospital había sido nuestro hogar por tres meses; ahora nuestro hogar se estaba convirtiendo en un hospital.

Nunca nos hubiéramos podido imaginar cuánta gente entraría y saldría de nuestra casa a diario. Casi tuvimos que instalar un lugar de estacionamiento al lado de nuestra casa. Aun cuando éramos una familia común y corriente con cuatro hijos saludables, nuestra casa había parecido un lugar tranquilo en comparación con el ajetreo que ahora era nuestro medio ambiente. Sin embargo, estábamos agradecidos por cada visitante y por cada nuevo instrumento médico, porque sabíamos que hacían que la vida de Alex fuera mejor.

Nuestro desafío era que, de alguna forma, debíamos mantener un círculo familiar íntimo y ser los padres que nuestros cuatro hijos necesitaban. Sólo el tener un tiempo exclusivo con cada niño requería una enorme cantidad de perspicacia y creatividad. Tiempo para Beth y para mí como esposos —bueno, eso era un recuerdo del pasado. Tal vez algún día tendríamos tiempo para salir, ir a algún lugar y no hacer otra cosa en el mundo sino atender las necesidades de nuestro amor y compromiso. Era difícil imaginarse cuándo llegaría ese día.

Cuando Beth y yo nos acostamos la noche en que Alex regresó a casa, estábamos totalmente extenuados. Alex estaba tranquilo, nuestros hijos estaban acostados, los respiradores y las otras máquinas hacían sus ruidos acostumbrados y una enfermera estaba de turno. Mañana sería un poco menos frenético, ¿o no?

Nuestra casa y la chimenea

Al día siguiente, me levanté de la cama e inmediatamente sentí que me llamaba el computador. ¿Cómo había sido el día del regreso de Alex a casa? Nuestros amigos de Internet estarían ansiosos por saberlo. Justo cuando estaba presionando el botón para conectarme, la voz débil, pero de alguna forma insistente, de Alex rompió el silencio matutino.

"¿Papi?"

Aunque Alex nos "hablaba" en forma regular, no siempre era con voz audible. Con cuidado, formaba con la boca cada palabra que quería decir, haciendo trabajar sus músculos faciales lo más que podía. A veces era un hilo de voz en forma de chillido, otras veces nada.

Le presté toda mi atención de inmediato. Él había estado tan contento de estar en casa de nuevo, y lo que quería que yo hiciera era encender la chimenea. Para él, esa era una de las cosas que más le gustaban de nuestra nueva casa, algo que por cierto no se puede tener en el hospital. Por meses, se había sentido animado en espíritu con la esperanza de ver de nuevo a su perra, de disfrutar el fuego de la chimenea y de estar con sus hermanos con más frecuencia. Empujé su silla de ruedas hasta la sala, donde él estuvo por varias horas disfrutando el agradable calor de su propio hogar. El momento fue perfecto, porque el sol matutino reveló más de diez centímetros de nieve en la tierra. Eso hizo que el rostro de Alex mostrara una gran sonrisa.

Ahora, mientras estaba en la sala disfrutando del chisporroteo del fuego, a través de la ventana podía ver las ramas de los árboles que se cubrían de nieve, y las aves comiendo en el recipiente donde les poníamos semillas. Esas eran las cosas que le encantaban, y hubo un tiempo cuando nos preguntamos si alguna vez abriría los ojos de nuevo para disfrutar de las cosas que le producían alegría. Tal vez algunos esperarían que él mirara la nieve con amargura, recordando cómo había jugado en la nieve el invierno pasado. Pero Alex, sencillamente, no era así. Nunca había parecido tan contento.

Viktor Frankl, el autor de *El hombre en busca del sentido*, fue uno de los que sobrevivió en los campos de concentración nazi. Él había observado las diferentes formas en que los hombres y las mujeres respondían al sufrimiento, y escribió: "A un hombre le pueden quitar todo menos una cosa: la última de las libertades humanas: elegir su propia actitud frente a las circunstancias dadas, elegir su propio camino."

Alex era una prueba viviente de ello. Es por eso que siempre he dicho que en algún momento, Alex se convirtió en mi mentor, en mi adiestrador sobre la actitud correcta en la vida. Si un niño tan pequeño puede ser capaz de recuperarse en circunstancias tan terribles, entonces yo sé que puedo enfrentar casi cualquier cosa. Lo que he visto en mi hijo es una confirmación viva de la fe de un niño, demostrando la verdad de lo que dicen las Escrituras:

¿Acaso hay algo que pueda separarnos del amor de Cristo? ¿Será que él ya no nos ama si tenemos problemas o aflicciones, si somos perseguidos o pasamos hambre o estamos en la miseria o en peligro o bajo amenaza de muerte? . . . Claro que no, a pesar de todas estas cosas, nuestra victoria es absoluta por medio de Cristo, quien nos amó. Y estoy convencido de que nada podrá jamás separarnos del amor de Dios. Ni la muerte ni la vida, ni ángeles ni demonios, ni nuestros temores de hoy ni nuestras preocupaciones de mañana. Ni siquiera los poderes del infierno pueden separarnos del amor de Dios. Ningún poder en las alturas ni en las profundidades, de hecho, nada en toda la creación podrá jamás separarnos del amor de Dios, que está revelado en Cristo Jesús nuestro Señor.
(Romanos 8:35, 37-39)

Una conversación alarmante

Durante los momentos más tranquilos, Alex comenzó a hablar con más frecuencia acerca de las cosas que ocurrieron mientras estuvo lejos de nosotros. Por primera vez, comencé a sospechar que mi hijo en realidad había muerto en el lugar del accidente. Esa posibilidad encajaba tanto con la clase de heridas que había sufrido como con la clase de viaje que afirmaba haber tenido —un viaje al mismísimo Cielo. Además, a medida que pasaban los días, Alex insistía más en su historia. Un relato inventado hubiera llegado a ser inconsecuente y finalmente hubiera desaparecido. Sin embargo, el relato de Alex iba cobrando sustancia.

Al principio, no esperábamos que Alex recordara nada del accidente. Pero uno de mis temores más grandes era que hubiera perdido completamente la memoria, o que, en el mejor de los casos, fuera errática. Este temor se hizo presente tan pronto como Alex recobró la habilidad de formar frases. Tan pronto como pudo decir palabras, con frecuencia me preguntaba: "¿Eres mi papá?"

Mi expresión facial no cambiaba, pero cuando escuchaba esas palabras, me dolía el corazón instantáneamente, como si hubiera sido rechazado de alguna forma fundamental. Sé que no era algo racional, pero cuando su hijo se pregunta quién es usted, créame que la lógica no le puede ganar a las emociones vivas.

En forma gradual Alex fue hablando mejor, y las conversaciones con él eran muy similares a lo que consideramos comunes. Una de sus primeras conversaciones fluidas fue como la siguiente:

—¿Eres mi papá?

—Sí, Alex, soy papi.

—¿Estás seguro de que eres mi papá?

—Sí, Alex, soy yo.

—Porque mi papi murió en un accidente de autos —me dijo—. Tú te pareces a él, pero mi papi está en el Cielo.

—Alex, yo estuve en un accidente contigo —le expliqué, perplejo por su declaración—. Fui arrojado fuera del auto, pero no morí.

—Siento mucho lo del accidente, papi.

—Yo también, Alex, pero todo va a estar bien, hijito. Dios nos va a ayudar a salir de esto.

—Papi, el accidente fue culpa mía.

—No, Alex. Yo fui el que me atravesé frente a un auto . . .

—Pero yo vi el auto y no te dije nada. Te hice una pregunta y te hice voltear la cabeza. Tú no viste el auto.

—Alex, yo soy el que quiere decirte que lo siento. He estado esperando durante tres meses para pedirte perdón. ¡Casi te maté!

—¿De veras, papi? Yo creía que era culpa mía. El diablo me dijo que yo tenía la culpa.

Sentí un peso enorme en el corazón cuando escuché esas palabras. ¿Había estado él llevando esos recuerdos todo este tiempo? ¿Había estado bajo el peso de la falsedad de creer que era culpable durante todas estas semanas?

—No, Alex. Yo soy el que causó el accidente. No creas ni una palabra de lo que te dice el diablo. Tú no causaste el accidente. Por favor, Alex, perdóname.

—Sí, papi. Te amo.

—Gracias, Alex. Te amo con todo el corazón.

A medida que la facultad de hablar de Alex aumentaba, comenzamos a sentir que algo más que un estado de coma había tenido lugar durante los últimos pocos meses. Alex comenzó a compartir detalles de una visita prolongada al Cielo. Tantas cosas sobrenaturales habían sucedido ya que los milagros no nos sorprendían. Estábamos muy agradecidos por cada intervención divina, pero Alex había comenzado a hablar sobre cosas mucho más allá de lo que hasta entonces habíamos experimentado.

Como consejero clínico licenciado, yo sabía exactamente lo que dirían los médicos sobre todo esto. Lo atribuirían a sueños y a la imaginación de un niño, tal vez inclusive a alucinaciones como resultado del trauma cerebral. Sabemos que algunas personas despiertan después de experiencias cercanas a la muerte y relatan historias fascinantes. Con toda franqueza debo decir que al principio yo no sabía tampoco cómo procesar lo que Alex nos estaba diciendo. La parte más pragmática y "educada" de mí pensaba: *Tal vez sí tiene daños cerebrales; tal vez sí se está imaginando estas cosas.*

No obstante, ya hacían tres meses que habíamos comenzado esta aventura sobrenatural. Nunca habíamos estado más en sintonía con la obra del Señor, o más conscientes de la guerra espiritual. Nunca habíamos dependido tanto de un Dios que interviene en la vida. Mi adiestrado escepticismo había sido afectado por los milagros de los que había sido testigo. Si Alex decía que había visto al diablo, yo estaba listo para escuchar con la mente abierta. ¿Quién podía saber qué experiencias había tenido durante este sorprendente viaje? Por cierto que las nuestras habían sido bastante increíbles. Me di cuenta de que el problema no era Alex; el problema era yo con mi incapacidad de creer lo que decía que creía.

Poco a poco, la historia cohesiva de Alex acerca del Cielo y de los ángeles comenzó a salir a luz. Escuché estas cosas maravillado. El cuadro se fue formando lenta, pero consistentemente.

—Alex —le pregunté—, ¿cómo te sentiste al volver a tu cuerpo después de haber estado fuera de él por un tiempo? Debes de haberte sentido muy raro.

Sólo entrecerró los ojos y formó la interjección: —¡Ay!

Nunca le formulé preguntas con la respuesta implícita. Por ejemplo, nunca le pregunté: "¿Era blanco el Cielo, como en los cuadros?" O: "¿Tenían alas los ángeles?" Alex era el que facilitaba todos los datos.

A través del tiempo, Alex compartió más y más información. Puesto que no tengo un trasfondo carismático, todo esto es territorio nuevo para mí. No tengo un compartimiento teológico donde colocarlo. Es una realidad que ha invadido nuestra vida.

Crisis

Las enfermeras entraban y salían de forma más esporádica de lo que hubiéramos esperado, pero las cosas marchaban bien. Durante los primeros dos días después de que Alex llegó a casa, Beth y yo nos sentíamos cómodos cuidándolo las veces que estábamos solos.

Entonces, al tercer día, Alex pareció tener dificultades. No lo podíamos hacer sentir cómodo. A medida que pasaba la tarde, comenzó a luchar para poder respirar. La enfermera ayudó a limpiar el tubo de aire, lo que hizo que las cosas mejoraran por un corto tiempo. Luego comenzó a tener dificultades de nuevo. A continuación la temperatura de su cuerpo bajó a una peligrosa cifra, 33 grados centígrados, mientras su corazón latía alrededor de sesenta y cinco por minuto. Se le había desarrollado una mucosidad en la garganta, lo cual le obstruía la tráquea. Este problema tenía que ser resuelto de inmediato, pero antes de que pudiéramos quitar la obstrucción, Alex se puso somnoliento, no respondía y cada vez estaba más pálido.

No podíamos manejar esta crisis, aun con la enfermera presente, y el tiempo transcurría con rapidez. Nuestra única opción era llamar al número de emergencia. Desde el principio, yo tenía dudas en cuanto a si era sabio proveerle todo el cuidado a Alex en nuestra casa. Mientras esperábamos que llegara la ayuda, no pude dejar de pensar: *Tal vez esta es la confirmación de que es demasiado complicado y peligroso cuidar a Alex en casa.*

La ambulancia llegó, aunque no muy rápidamente. Gracias a Dios los profesionales estaban allí. Los paramédicos se dirigieron de inmediato al cuarto de Alex, pero se detuvieron en la entrada. Mirando todo el equipo médico, el supervisor de ellos preguntó:
—¿Qué quiere que hagamos? —Era claro que no sabían qué hacer con alguien que estaba en un respirador.

—¿Qué quiere decir con "¿Qué quiere que hagamos?" Llamé y le dije a la operadora que mi hijo estaba en un respirador, que no podía respirar, que su temperatura era peligrosamente baja y que estaba en estado letárgico. Si hubiera sabido que usted me iba a hacer esa pregunta cuando llegó, no hubiera llamado al número de emergencia.

Era un momento tenso, y la vida de mi hijo corría peligro. Los paramédicos no tuvieron otra respuesta que no fuera llevar a Alex al hospital, así que empezaron a llevarlo a la ambulancia. La enfermera visitante y yo acompañamos a la ambulancia hasta el hospital, mientras Beth se quedaba en casa con nuestros hijos pequeños.

En el pequeño hospital local, los médicos y otro personal médico hicieron lo más que pudieron, pero pronto fue obvio que a ellos también les faltaban los conocimientos para manejar la situación de Alex. Parecía que nosotros sabíamos más sobre la condición de nuestro hijo que esas personas. De pronto, nosotros éramos los expertos; nosotros tomamos la batuta, y los médicos y las enfermeras nos miraban con suma atención. Yo me hice cargo del cuidado de Alex, puesto que sabía mejor cómo hacerlo.

Para comenzar, estaba al borde de la hipotermia, y debíamos calentarlo de inmediato. Lo cubrimos con frazadas para que aumentara la

+++

Por favor, oren por protección para Alex y [por] guía. Sé que él está en las manos de Dios y que va a estar bien, pero es un desafío estar en un sistema en el cual usted siente que sabe más que las personas de las cuales depende. Quiero que sepan que Alex está en muy buen estado de ánimo. Dios está en control.

PrayforAlex.com,
anotación de Kevin Malarkey
el 17 de febrero, 2005

temperatura de su cuerpo. Yo lo alimenté a través del tubo que iba a su estómago, controlé el respirador e hice todas las pequeñas cosas que habíamos aprendido a hacer para estabilizar a mi hijo. Nada de esto tiene la intención de hacer quedar mal al hospital local. Nos sorprendió un poco la poca ayuda que estaban preparados para dar, pero luego supimos que esto es común en los hospitales pequeños. La situación de Alex era tan aguda y especializada que requería el cuidado que sólo un hospital grande puede proveer. No fue sino hasta esa noche que obtuvimos el permiso para transferir a Alex al Hospital de Niños.

¿Un fracaso total?

En el hospital local, yo había vigilado los signos vitales de Alex con ojos de águila, pues sentía mucha ansiedad. Esa noche, que pensé que nunca acabaría, oré constantemente pidiendo misericordia y ayuda. Horrorizante —no hay otra forma de describir lo que se siente al ver a un hijo intentando respirar, y saber que lo único que se puede hacer es esperar.

Llegó la ambulancia que llevaría a Alex al Hospital de Niños. Qué alivio fue poder darle finalmente a Alex la ayuda que tan desesperadamente necesitaba, pero en otro nivel se sintió como un fracaso total. Durante semanas habíamos estado esperando el gran día cuando Alex pudiera venir a nuestro hogar "para siempre." Nos habíamos preparado, habíamos colocado carteles, arreglado la casa con rampas y equipo, y nos las habíamos arreglado para que todo marchara bien durante tres días. Ahora habíamos regresado al lugar al que nos habíamos convencido a nosotros mismos que jamás regresaríamos.

Durante el siguiente año, cinco veces más tuvimos que hacer el viaje de ida y vuelta entre nuestro hogar y la unidad respiratoria del

Hospital de Niños. La estabilidad que buscábamos nos eludió. Sin importar la cantidad de veces que nos dijimos lo afortunados que éramos de que nuestro hijo estuviera vivo, todavía sucumbimos a sentimientos de desaliento y aun, a veces, desesperación.

La extenuación física apaleó nuestra esperanza. Muchas veces estábamos demasiado cansados para siquiera orar. ¡Gracias a Dios por las oraciones de los santos! Nos sostenían cuando lo único que podíamos hacer era poner un pie frente al otro. Hubo muchas veces en que Beth y yo no éramos sino manojos de crispados nervios andantes. Debido a esto, nos sorprendía mucho que la gente continuara viéndonos como fuentes de inspiración espiritual, como modelos de fe viva. No faltaban las conversaciones que nos ubicaban como héroes o mártires, modelos de valor. ¿Por qué la gente parecía no darse cuenta de lo estresados, malhumorados y desagradables que podíamos ser? Espero que esas personas se hayan dado cuenta de la verdadera realidad.

Por favor, escúcheme cuando digo que nuestra habilidad de no desistir no tuvo nada que ver con nuestras fuerzas, nuestra fe o ningún otro atributo positivo nuestro. En realidad, esas circunstancias sólo nos hicieron sentir humildes. No mostraron nuestros puntos fuertes, sino nuestros puntos débiles; no nuestra fe, sino la falta de ella. ¿Valor? Nunca lo habíamos necesitado más. Vivíamos en temor de lo que el futuro podría tener para Alex.

No se trataba de nuestra fuerza; se trataba de la fuerza de Dios. Él era la única razón de que hubiéramos llegado hasta aquí sin haber desistido en total desesperación. Hemos sabido de muchas crisis que han destrozado matrimonios y familias. Me han dicho que cuando un hijo muere, muchas veces los padres se divorcian. Luchamos con tiempos malos, y fuimos forzados a depender absolutamente de Dios, el único refugio que teníamos, porque sabíamos que en nosotros no existía la fuerza suficiente como para pasar por tal tormenta.

Cada vez que estuvimos tentados a darnos por vencidos o a abandonar la lucha, cada vez que encontrábamos que ya no podíamos más, Dios nos enviaba ángeles humanos para consolarnos, o hacía algo milagroso en la vida de Alex. En forma constante el Señor nos recordaba su presencia, su poder ilimitado y su amor lleno de gracia, mientras que la situación misma nos recordaba nuestras limitaciones y flaquezas. Además de todo esto, los siempre presentes ángeles humanos de consuelo a menudo ¡eran las mismas personas que profesaron gran inspiración a través de nuestra historia! Nosotros éramos los que debíamos estar aplaudiéndolos a ellos. Fueron las manos sanadoras de Dios en nuestras vidas una y otra vez. ¿Cómo podríamos haber llegado al final de cada día sin ellos?

La mayoría de los matrimonios tiene el lujo de solucionar los problemas de su relación en privado, pero nosotros estábamos viviendo nuestra vida en la sala de espera del Hospital de Niños y en medio de un hogar que se había convertido en la Estación Central. A veces yo le hablaba mal a Beth o a algún personal médico, o ella estaba exasperada conmigo, y entonces nos sentíamos el doble de culpables, porque no sólo habíamos sido rudos el uno con el otro, sino que habíamos demostrado nuestras frustraciones en público. Habíamos dado un mal testimonio de la bondad de Dios. Muchas de esas veces nuestros hijos también estuvieron presentes. Pelear frente a los hijos nunca es bueno, pero ellos estaban con nosotros la mayor parte del tiempo.

Era algo que no se podía evitar, dado el constante nivel de estrés, a menos que nos convirtiéramos en los perfectos santos que la gente creía que éramos. Eso no iba a suceder; éramos personas comunes y corrientes en una situación extraordinaria, pero bendecidos por un Dios que supla nuestras necesidades más allá de todo lo que esperamos. Sólo espero que al final, la gente haya visto mucho más de Dios que de nosotros en esta situación. Sé que tuvieron que ver el enojo que experimenté tan a menudo —nunca dirigido hacia el Señor, pero a veces hacia los médicos o hacia Beth. En el calor del momento, le dije cosas a Beth que quisiera poder borrar.

La olla a presión

Quisiera olvidar muchas de las veces en que les hablé rudamente a otras personas. Una trató sobre una discusión con uno de los médicos. Yo estaba muy preocupado porque Alex luchaba para respirar, aun en el respirador. Fue muy frustrante ver que sus pulmones se le estaban llenando de mucosidad, bloqueando el aire que tan desesperadamente necesitaba. ¿No se podía hacer algo para impedir que eso sucediera? Los médicos estaban convencidos de que era un problema de ansiedad, y le querían suministrar un medicamento a Alex para evitar la ansiedad.

Tenían el diagnóstico correcto, pero se equivocaron de paciente. Yo era el que necesitaba ese medicamento, particularmente después de haber escuchado su pronóstico. Yo sabía que los problemas de Alex no eran emocionales. Estaba furioso, y mientras el personal seguía apoyando esa sugerencia, más me enojaba yo. Lo que más me molestaba era que Alex había sido siempre un modelo de valor y de calma. Y, sin embargo, los médicos estaban afirmando que su estado mental era lo que le estaba causando problemas obviamente físicos.

Con mi barómetro emocional cada vez más elevado, me acerqué al médico hasta que estuvimos cara a cara. Yo mido 1,88 metros y peso 100 kilos, y estoy seguro de que puedo impresionar cuando pierdo la calma. El médico se mostró tan testarudo como yo, insistiendo que era preciso que Alex tomara esos medicamentos contra la ansiedad. Fue una mala combinación. Finalmente yo perdí los papeles. "¡Tal vez debería hacerlo caer de espaldas y luego comenzar a saltarle en el pecho para que se dé cuenta de lo que se siente cuando uno no puede respirar!" le grité. "Pero ¡usted no tiene que preocuparse en cuanto a no poder respirar, porque le voy a conseguir un medicamento contra la ansiedad! Tal vez ese medicamento pueda ayudar a mi hijo en cuanto a la ansiedad, pero ¡no lo va a ayudar a respirar a través de la mucosidad que le está obstruyendo parte de la tráquea!"

Créame que me es difícil relatar este episodio de mi pasado. Parte de mí preferiría que usted escuchara a aquellos que nos pintaron como gigantes espirituales, pero eso estaría muy lejos de la verdad. Este no es un libro de ficción y la historia que relata es verdadera. Quiero que sepa que no hay nada en absoluto especial en cuanto a mí, y bastante dentro de mí que Dios todavía tiene que arreglar. Todavía soy una obra en proceso en lo referente a ser conformado a la imagen de Cristo, que es la meta de todos nosotros como creyentes. Pero mientras escribo este libro, tengo presente la renuencia de Alex en cuanto a contar su historia. Su temor es que la gente admire a los seres humanos en la narración, incluyéndose a sí mismo, en lugar de a Aquel que es quien en realidad debería impresionarlos.

Días de adoración

Como si nuestra iglesia local no hubiera hecho ya más que suficiente, decidieron hacer algo más —un servicio del domingo por la mañana dedicado a Alex. Qué honor fue ese, una oportunidad de darle la gloria a Dios a través de las cosas maravillosas que él estaba haciendo por nuestro hijo. Por supuesto que lo mejor fue que Alex pudo estar allí y disfrutar cada momento de él.

Después de que vimos un corto video que relataba la historia de Alex, yo lo llevé en su silla de ruedas a través del pasillo central. Se puede imaginar lo que sucedió entonces —todos se pusieron de pie. Alex recibió un fuerte aplauso con la congregación de pie, mientras todos sentimos la gloria de Dios en ese momento. Muy pocos no derramaron lágrimas aquel día.

En medio de toda la alabanza, me incliné hacia Alex y le susurré: "Esto no se trata de ti." Él puso los ojos en blanco, su gesto favorito, que tiene múltiples significados. En esta ocasión yo lo interpreté como: "Papi, ¡eso es lo que te he estado diciendo todo el tiempo!" Su prueba y las siguientes experiencias lo hicieron sabio en la fe, aun como un niño pequeño. Él dijo que estuvo en el Cielo. La gente tal vez ponga objeciones a que alguien diga algo tan extravagante, pero, en el caso de Alex, nadie lo dudó porque quedaba demasiado claro que algo había cambiado radicalmente a este niño de seis años de edad. Alguien lo había traído de vuelta a la vida cuando parecía que se estaba muriendo. Alguien le había sanado las vértebras. Alguien le había despertado la mente y la consciencia cuando nos habían dicho que era muy poco probable que eso sucediera. Y estaba claro que Alguien tenía planes futuros para Alex Malarkey.

Para Alex, todo se trata de ese Alguien. Nunca hubo un momento en que él tomó una pizca de crédito o reaccionó ante un cumplido sin darle la gloria a Dios. La meta más grande de mi vida es lograr esa forma de pensar, llegar a ser una cartelera del Cielo en lugar de un afiche de los tiempos presentes.

A medida que progresaba el servicio de adoración, los animados himnos de alabanza continuaron. Alex cantó con la congregación. Yo lo observaba, porque me encanta verlo exaltar a Dios por medio de la música. Muy pronto la gente comenzó a ponerse de pie y a hablar en forma espontánea del impacto maravilloso que su interacción con Alex había tenido en sus vidas. Ese fue un día muy bendecido. Nuestros corazones lo necesitaban mucho.

Varios meses después, en otro servicio, Alex cantó con el coro de niños, y yo pensé en aquella mañana antes de que sucediera el accidente. Alex era muy tímido y no se apartaba de mí. En cierto sentido, esto era lo peor que le podría ocurrir a un niño tímido: ser el centro de la atención. Pero ahora Alex era diferente. No quería ser el centro de la atención, y nosotros tampoco queríamos eso. Si él podía tener una experiencia normal cantando con el coro de niños, era una respuesta maravillosa a la clase de oración que habíamos enviado frenéticamente al Cielo mientras estaba en estado de coma. Tenerlo de vuelta era lo mejor que podríamos haber esperado y si, por la gracia de Dios, Alex podía tener las experiencias normales que otros niños disfrutan, bueno, eso era aún mejor.

No mucho tiempo después, hubo otro servicio, una reunión especial un domingo en la tarde en nuestro hogar. He aquí otro uso de nuestra "casa de ensueño" que nunca habríamos imaginado. Cientos de personas llegaron de toda la parte central y oeste del estado de Ohio. La gente estacionó sus automóviles en la iglesia, y luego fue transportada en autobuses a nuestra casa. Los hombres de la iglesia se destacaron de nuevo, colocando un sistema de altoparlantes en un gran roble, en una zona despejada cerca de la casa. Hablaron pastores de diferentes iglesias. Luego, al igual que la otra vez, hubo un tiempo para compartir. Escuchamos sobre milagros, sobre las cosas buenas que estaban sucediendo en la vida de las personas cuando Dios mostraba su grandeza en lo que el mundo veía como una tragedia.

Alex estaba a un costado y escuchaba en silencio en esa tarde particular. Le pidieron que hablara, pero rehusó la invitación. Después de todo, como dijo, este servicio no era en su honor, sino que era acerca de Dios. Lo correcto era dejar que Dios hablara. Mi maravilloso hijo permaneció en segundo plano, que era donde se sentía más cómodo, y escuchó . . . mientras Dios hablaba.

De Alex
Hablando con otras personas

No permitas que nadie te subestime por ser joven. Sé un ejemplo para todos los creyentes en lo que dices, en la forma en que vives, en tu amor, tu fe y tu pureza.

I TIMOTEO 4:12

Mi relación con Jesús no es diferente de la de alguna otra persona que lo conozca; él simplemente me dio una experiencia muy especial.

Quiero que la gente sepa que Dios es real y que el Cielo es real. Dios es mi Papi en el Cielo, y él me entiende todo el tiempo. Así es como él se siente acerca de todos sus hijos.

Algún día quiero ser misionero. Quiero ir a diferentes lugares donde el evangelio no ha sido presentado claramente y hablarle a la gente de Dios, y que Dios me ayude a hacerlo. Quiero que la gente sepa que el Cielo no es un lugar al que usted va porque hace cosas buenas. Usted tiene que pedirle a Jesús que entre a su corazón y pedirle que lo perdone.

Si no puedo ser misionero, quiero ser un receptor para el equipo de béisbol de los Houston Astros. La ciudad de Houston es muy linda. Yo podría ir a los partidos de la University of Texas, y además allí no hace frío en el invierno. Y si no puedo ser misionero o jugar en un equipo de béisbol, quiero ser un comediante. Soy gracioso, y además tengo todos los libros de chistes que hay en inglés.

CAPÍTULO 8

LA GUERRA Y LA PAZ

"Hola, papi," dijo Alex débilmente. "Me están atacando."

EL TIEMPO HACE milagros en silencio, sanando, dando sabiduría y proveyendo perspectiva.

El tiempo estaba haciendo su trabajo, convirtiendo en rutina lo que antes había sido un trauma. Los viajes al hospital ya no nos angustiaban. Alex continuaba luchando y progresando mucho en algunas cosas. Beth cuidaba a los niños, y yo regresé a mi trabajo y comencé a rehacer mi práctica. En forma gradual, nuestra familia encontró su ritmo, y periódicamente disfrutábamos de algún descanso a lo largo del camino, pero en esta vida no existe la paz permanente. Eso es para la vida venidera, no para la actual. La guerra espiritual es lo permanente. ¿No es por eso que la Biblia habla de la necesidad de la armadura espiritual? Tal vez no estemos conscientes de ello, pero eso no cambia la realidad de Efesios 6:12. Hay fuerzas que trabajan para intentar destruir todo lo que Dios quiere hacer entre nosotros, y hay el "suave susurro" que nos llama a orar, a estar vigilantes, a permanecer fuertes contra el enemigo.

Yo no estaba pensando en nada de eso sentado en la iglesia, una cálida mañana de domingo en agosto de 2005. En aquellos días, yo estaba confiado en que nuestras batallas más grandes estaban en el pasado. Era agradable saber que las cosas se habían calmado y que la mayoría de las grandes sorpresas ya había sucedido. Nuestra vida era razonablemente normal, por lo menos, nuestra clase de normal. Alex estaba de vuelta en el hospital con una infección en los pulmones, pero los médicos nos habían dicho que era tratable.

Le sonreí a Aaron recordando que él tenía un año menos que Alex cuando ocurrió el accidente. De pronto, una sensación rara penetró mi mente. Un pensamiento me irrumpió en la mente, con tanta claridad como si el pastor Brown lo hubiera dicho desde el púlpito: *Alex va a ser sanado*. Traté de bloquearlo, pero al igual que el teléfono que no para de sonar hasta que usted lo contesta, no pude hacerlo: *Alex va a ser sanado*.

El que Alex fuera sanado no era una idea nueva. Yo había escuchado esa firme convicción, proveniente de amigos, incontables veces. "Dios va a sanar *completamente* a Alex," me decían. "Sé que es verdad. ¡Lo puedo sentir!"

Por supuesto que el primero que lo había dicho había sido Dave, el paramédico, y luego la misma Beth el día del accidente. Muchos meses de médicos, enfermeros, ambulancias, bloqueos mucosos y respiradores no habían reducido la fe de Beth. Ella estaba segura de que el milagro iba a suceder. Muchas de sus amigas habían repetido el estribillo: *Dios va a sanar a Alex. Va a suceder, ¡sólo tienes que creerlo!*

Por cierto que a mí me *gustaba* ese mensaje y que no tenía problema para aceptarlo, en cierta forma. Desde el principio mismo,

Dios había estado aumentando nuestra fe. Se podría decir que sus bendiciones en Alex, llevándolo al Cielo, enviando ángeles ministradores y todo lo demás eran claramente parte de algo que terminaría en el acto final de sanar a nuestro hijo —si usted tiende a pensar de esa manera. De hecho, aun si usted no cree en Dios, tendría que creer en Alex. Su valor, determinación y espíritu tenaz eran la materia prima de la victoria de la mente sobre el cuerpo. Sin embargo, nosotros creemos en Dios, y sabemos que todo es posible en Cristo.

Yo escuchaba a Dios a mi manera. Pasaba tiempo con él todos los días, estudiaba su Palabra y oraba constantemente. Pero no era de esas personas que escuchan mensajes proféticos de los labios de Dios a mis oídos . . . hasta ese día del mes de agosto en la iglesia, sentado al lado de Aaron. Allí es cuando finalmente recibí el memorándum.

En un instante yo estaba escuchando atentamente las palabras del pastor, y al siguiente estaba escuchando:

Él será completamente sanado.

No hice caso y continué escuchando al pastor, pero el mensaje continuó viniendo:

Él será completamente sanado.

El mensaje era tan insistente que supe que no provenía de mí. Pero yo no estaba ansioso por abrazar la idea de "escuchar voces." No era algo que alguna vez hubiera experimentado. ¿Podía aceptar, en fe, que esa voz era Dios hablando? Era un compromiso enorme —la clase de compromiso que le romperá el corazón si lo abraza plena pero falsamente. Era la clase de idea que convence a la gente que una persona está loca si va por todos lados diciéndole eso a todo el mundo. Eso estaba bien para mi esposa y sus amigas, pero yo tenía una mente científica, debido a mi carrera. Esta forma de pensar no era la mía.

Pero el Dador del mensaje estaba determinado a machacarlo hasta que yo lo entendiera. Esas cuatro palabras cobraron fuerza, asaltando las fortalezas de mi intelecto. Era hora de aceptar lo que tantos ya habían aceptado. Dios estaba listo para que yo supiera que él iba a sanar a Alex. ¿Estaba yo listo para recibirlo?

¿Se suponía que sintiera gozo? No puedo decir que lo sintiera. Este asunto era demasiado raro y me daba mucho miedo. *Alex va a ser sanado.* Esa era la clase de fe de Beth, no el tipo de fe prudente y analítica que yo prefería. Era muy bueno para ella, pero no para mí. Pero de pronto, allí estaba yo caminando con ella en esa zona inexplicable de la fe.

¿Está Dios limitado por mi comprensión intelectual? ¿Qué era lo que me impedía abrazar una verdad maravillosa: el temor, la falta de fe, el orgullo? Entonces, en un instante, la misericordia y la grandeza de Dios sobrecogieron mi pequeñísimo intelecto, y él me dio fe para creer. Simplemente *supe* que Dios me estaba hablando la verdad: *Alex va a ser sanado.* Acepté el mensaje, lo creí, lo recibí y, cuando lo hice, un nuevo mensaje se me grabó en el corazón.

Pasa al frente y ora.

Dios estaba literalmente instruyéndome a que pasara al frente de la iglesia y pidiera que oraran por mí. Le toqué el brazo a Aaron, y le susurré: —¿Quieres venir conmigo al frente para que oren por nosotros?

Me miró horrorizado y me dijo: —¡De ninguna manera, papi! Nos van a aplastar.

Sonreí. A estas alturas Aaron conocía bastante bien esta iglesia. Se sienten muy animados, muy entusiasmados por la oportunidad de orar con una persona. Para un niño pequeño, esa efusividad puede resultar algo atemorizante.

Dios quería oración; Aaron quería evitar que lo aplastaran.

Parecía importante que Aaron estuviera conmigo. Pensé por un minuto. "Aaron," le susurré, "si vas al frente conmigo a orar, te llevo a la heladería después del servicio."

La oferta (¡soborno!) fue muy atractiva para un niño pequeño, aun para uno enfrentando el hecho de que podía ser aplastado por el pueblo de Dios. Así que estábamos listos cuando el pastor preguntó: "¿Quiere alguien venir al altar para orar?" Nosotros nos pusimos de pie.

Dave era uno de los líderes de oración de nuestra iglesia. Él esperaba frente al santuario, saludaba a los que pasaban al frente y se unía a ellos para elevar sus peticiones a Dios. Cuando me dio la mano, le dije: —Dios va a sanar a Alex.

Me respondió: —Sé que lo va a hacer —como si esto fuera una noticia vieja—. ¿Es acerca de eso de lo que quiere orar?

Le dije: —Me lo acaba de decir.

Comenzamos a hablar con Dios, y la gente comenzó a llegar adonde estábamos y a unirse a nosotros. En cierto momento, llegó una exclamación desde unas ocho hileras atrás: "¿Ha orado en contra del diablo?" Yo no tenía ni idea de que esa pregunta iba a ser, muy pronto, clave en la vida de Alex.

—Te dije que nos iban a aplastar —me dijo Aaron cuando terminamos de orar. Pero tenía una gran sonrisa en el rostro.

Me reí. —Vámonos. Te debo un viaje a la heladería.

Mientras estaba frente al mostrador, el hombre que estaba tomando nuestro pedido nos miraba con intensidad. Resultaba un poco extraño, así que finalmente lo miré con una expresión de curiosidad.

—¿No se acuerda de mí? —me preguntó con una expresión seria aún en el rostro.

Detesto cuando la gente dice cosas así. Mi sonrisa cortés le dijo que estaba en lo correcto. Él continuó con el juego de adivinación, lo que, por supuesto, hizo que las cosas se hicieran más incómodas.

—Oiga, ¿está seguro de que no se acuerda de mí?

—Lo siento; estamos pasando por muchas cosas. Me va a tener que ayudar.

Me dijo: —Me llamo Chris. Yo estaba en el lugar del accidente,

---

+++ No pienso a menudo sobre el accidente. Es algo que no se experimenta todos los días —estar con alguien cuando se piensa que ha fallecido.

El domingo de la mañana del accidente, mi familia y yo estábamos trabajando en el jardín del frente de nuestra casa. De pronto, escuchamos el chirrido de frenos y un sonido que jamás olvidaré. Les dije a mis hijas que llamaran al número de emergencia y corrí hacia el lugar del accidente. Cuando entré al asiento posterior donde estaba Alex, la cabeza le colgaba y no podía respirar. Lo quería ayudar con desesperación, pero sabía que no lo debía tocar. Le hablé todo el tiempo diciéndole que resistiera, que la ayuda venía en camino. Y entonces lo vi dar su último suspiro. Vi cuando su cuerpo se estremeció y casi se relajó, si esa es la palabra correcta.

Me fui del lugar del accidente creyendo que Alex había muerto. Volví adonde estaban mi esposa y mis hijas y les dije: "Debemos orar por esa familia y por ese niño, porque creo que en un par de días vamos a ver su nombre en el periódico." Por lo que vi, sentí que él se estaba yendo . . . que se iba al Cielo.

Chris Leasure, testigo ocular del accidente,
quien entró al automóvil con Alex antes de que llegara Dan Tullis +++

---

al lado de su automóvil . . . con su hijo. Oré para que él estuviera bien.

—¡Esto es increíble! ¿Usted estuvo allí?

—Sí, estuve allí.

Lo miré sorprendido ante la grandeza de Dios. La heladería en día domingo no era un lugar en el que me detenía. Sin la dirección de Dios tal vez nunca hubiera conocido a Chris. Desde una perspectiva humana, las cosas suceden al azar, y a veces eso resulta bien. Pero yo sé que Dios puso a Chris directamente en mi camino aquel domingo.

Chris bajó la vista y miró a Aaron, con los ojos medio húmedos.

—¿Es . . . es él?

—No —le dije suavemente—. Este es su hermano menor Aaron. Alex está en el hospital porque tiene una infección en los pulmones. Pero está mejor. —Le tomé la mano—. Él está mejor debido a personas como usted que han estado orando por él. Gracias, Chris. Gracias por haber orado aquel día. Dios ha respondido a su oración.

Parece que Dios nunca terminará de asombrarnos con prodigios y maravillas.

Defensa

Después de haber pasado un poco de tiempo en casa aquella tarde, fui al hospital. Alex y yo pasaríamos la noche juntos. Los eventos de ese día me daban vueltas en la mente: cuando Dios me dijo que Alex iba a ser sanado; cuando sentí que era dirigido a pedir que la iglesia orara por mí; el sentido de poder y de fe que sentí cuando todos nos impusieron las manos y nos presentaron ante el trono de Dios; luego, inmediatamente después de esa experiencia, encontrarme con un guerrero de oración clave del principio de nuestra jornada. ¡Qué día tan maravilloso! Casi no podía esperar para contárselo a Alex.

Me sentía muy animado cuando di vuelta a la esquina para entrar al cuarto de Alex. Sin embargo, en el instante en que lo vi, mi ánimo se congeló. Alex parecía desesperado por verme. Nunca lo había visto así.

—¿Cómo está mi muchacho? —le pregunté, mirando su rostro preocupado.

—Hola, papi —dijo Alex débilmente—. Me están atacando.

La sonrisa desapareció de mi rostro.

—¿Qué? —le pregunté—. ¿Qué quieres decir, hijo?

Alex se veía pálido, agotado, asustado. —El diablo me está atacando. Me dice cosas terribles. Quiero hacer que se vaya.

Sentí un nudo en la boca del estómago. Alex nunca había dicho nada como esto antes.

—Oh, Alex, papi está aquí. Y Dios también está con nosotros. Todo va a estar bien.

Temblando, con los ojos llenos de lágrimas, y obviamente en aflicción, Alex me miró a los ojos y me dijo: —No puedo decir su nombre, papi.

—¿El nombre de quién, Alex?

Pensé con rapidez tratando de entender lo que quería decir. Él ya había dicho el nombre del diablo. Y de pronto me di cuenta.

—¿Jesús? ¿Estás teniendo problemas para decir el nombre de Jesús?

Con una mirada de desesperación me dijo que sí. Un sentimiento de pánico empezó a invadirme. Ese era territorio nuevo para mí. Yo lo quería ayudar. Haría cualquier cosa para ayudar a mi hijo, pero no supe qué hacer.

—Alex —le dije—, ¿te gustaría orar con alguien en particular? ¿Qué te parece Jay?

Jay era amigo nuestro, un hombre de oración, y sabio en asuntos espirituales. Él realmente sabía orar.

—Sí, papi, llama a Jay.

Jay contestó el teléfono de inmediato.

—Jay, es Kevin. Escucha, tengo un problema con Alex. Él diablo lo está atacando, y él no puede decir el nombre de Jesús. Por favor, ¿puedes orar con él?

—Por supuesto, oremos.

Sostuve el teléfono en el oído de Alex, y en pocos momentos, delante de mis ojos sucedió una transformación sorprendente. Lentamente, la tensión comenzó a ceder y desapareció. El color gradualmente volvió a sus mejillas. Cuando le di las gracias a Jay y colgué el teléfono, Alex sonrió. Me miró y me dijo: —Puedo decir su nombre ahora. *Jesús. Jesús. ¡Jesús!*

Me reí, le tomé la mano y juntos dijimos el nombre de Jesús varias veces. Ningún otro nombre jamás había sonado tan hermoso. Nos tranquilizamos, bromeamos y charlamos por unos quince minutos, pero luego las cosas de nuevo tomaron otro giro siniestro. El miedo volvió a los ojos de Alex.

—Alex, ¿estás bien? ¿Es lo mismo de antes?

Me indicó que sí.

—¿Quieres que papi llame de vuelta a Jay?

—No, papi. Quiero que sólo tú y yo oremos.

+++

Alex me preguntó si yo estaba enojado con él porque había sido tentado por Satanás, y yo le dije que el diablo sólo molesta a las personas que son una amenaza para él. Alex es una amenaza gigante para el maligno, y necesitamos orar por Alex en forma continua.

PrayforAlex.com,
anotación de Kevin Malarkey
el 9 de agosto, 2005

—Bueno, entonces eso es lo que haremos, Alex. Tú y yo vamos a empezar a orar, ¿de acuerdo?

Durante más o menos una hora, los dos oramos a Dios, luego hablamos en voz baja por unos minutos, y oramos un poco más, y luego de nuevo hablamos. Aquella noche, a las diez y cuarto, Alex estaba bien otra vez, y ambos dormimos en paz en el hospital.

A la mañana siguiente, el teléfono comenzó a sonar.

—Hola, Kevin, habla Jay. Tengo una pregunta. ¿Hubo otro ataque satánico contra Alex anoche?

—De hecho, sí —le dije—. ¿Cómo lo sabes?

Me dijo: —¿Terminó a las 10:15?

—Esa es la hora exacta en que terminó —le respondí—. Dime lo que está pasando. ¿Cómo sabes todo esto?

—Después de que Alex y yo oramos por teléfono —me dijo—, sentí que debía seguir orando. Estuve en el piso, con el rostro en el suelo, hablando con el Señor. Yo estuve orando por Alex y reprendiendo a Satanás por lo menos durante una hora. En mi espíritu, miré hacia arriba y vi los pies de Dios ante mí. Miré un poco más hacia arriba, y vi que Dios estaba sentado en el trono, con un cetro en la mano. Entonces escuché su voz que decía: "Ha terminado." Y entonces dejé de orar y me acosté. Eran las 10:15.

Más tarde, pensé detenidamente en todos los eventos de ese día, desde la iglesia por la mañana hasta la intensidad de la guerra espiritual que enfrenté en el cuarto del hospital de mi hijo. ¿Y si yo hubiera pasado por alto ese suave susurro que me dijo que Alex sería sanado y que debía ir al altar y pedirle a la iglesia que orara por mí? ¿Y si nuestra amiga Mary Lou no hubiera sugerido que oráramos contra Satanás? Como resultado, teníamos el poder de la oración de la iglesia obrando a nuestro favor cuando llegó el ataque satánico. Cuando

Jay, Alex y yo oramos durante una hora, Dios finalmente dijo: "Ha terminado." Y así fue . . . por lo menos ese día.

¿Y si aquel día yo hubiera dormido hasta tarde? ¿Y si alguno de nosotros hubiera simplemente ignorado los impulsos que sentimos? ¿Y si hubiéramos estado pensando en otras cosas o si hubiéramos rehusado escuchar lo que con toda claridad era la voz de Dios? ¿Hubiera eso perjudicado a mi hijo? No sé la respuesta a esa pregunta, pero ese día me di cuenta de lo importante que es escuchar y obedecer cuando Dios nos habla.

Se construye un camino secundario

Aun cuando llegamos a nuestro hogar, día tras día nuestras necesidades fueron suplidas con mucho amor, y no hay mejor ejemplo de esto que la forma en que nos ayudaron a preparar nuestra "fortaleza" —nuestro hogar.

Ingresar y sacar a Alex de la casa era problemático. Había cuatro escalones que llevaban a la puerta del frente y tres al garaje. Llevar a Alex de un lugar a otro, aunque él no pesaba mucho, involucraba levantarlo a él y a su silla de ruedas a casi un metro del suelo.

La solución obvia era una rampa, pero no sabíamos dónde ponerla y cómo hacerla de acuerdo al diseño de nuestra casa. También nos sentíamos un poco incómodos en cuanto a la instalación de una rampa permanente —sentíamos que era como rendirnos, como resignarnos a que Dios nunca iba a sanar a Alex. Decidimos poner la rampa, pero la llamamos "la rampa de las bicicletas." Después de todo, no dudábamos de que nuestros hijos la usarían con sus bicicletas.

Y aquí es donde apareció nuestro amigo Wayne.

Wayne tuvo una visión creativa. Diseñó un ángulo de la casa a la cochera, a la izquierda de un árbol grande. Para que fuera segura con la silla de ruedas, la rampa tendría que tener un declive de una pulgada por cada pie de largo. Sabíamos que la inclinación total sería de treinta y nueve pulgadas. Cuando tomamos las medidas, el largo de la rampa que había propuesto Wayne medía *exactamente* treinta y nueve pies —fue como si Dios hubiera intervenido cuando construyeron nuestra casa treinta años antes para hacer un lugar perfecto para esa rampa. Creo que probablemente eso fue lo que hizo.

Ahora Alex podría entrar y salir de nuestra casa sin tener que levantarlo con la silla de ruedas. La otra cosa que necesitábamos era poder llevarlo al sótano de nuestra casa. El problema era que el único acceso a ese nivel era una escalera caracol. Puesto que desde nuestro sótano se puede salir de la casa, tuvo sentido construir una vereda que se conectara a la rampa con el acceso a la cochera.

Pudimos ser creativos en cuanto a la construcción de la vereda, porque hay muy pocas limitaciones sobre lo que se puede construir en una zona rural. Escribimos los nombres de nuestros hijos y la fecha en el cemento fresco. Entonces, como un toque final, Beth escribió: "Para Dios todo es posible."

A propósito, eso es lo que creemos. Creemos que un día Alex va a caminar sobre ese versículo mientras camina sobre el pavimento.

Sin embargo, los problemas continuaron. Un amigo nuestro revisó la plomería y se horrorizó con lo que encontró. Las cañerías eran un desastre, y no había sistema de filtración de agua. Él no arreglaría las cañerías sin un sistema de filtrado de agua, lo que nos costaría como cinco mil dólares.

Di un profundo suspiro al pensar en otro enorme gasto. Aparentemente yo no había aprendido la lección. Mi amigo me puso un pedazo de papel en la mano y me dijo: —Toma, llama a este número y elige el sistema que quieras. No te preocupes por el precio.

—¿Qué quieres decir? —le pregunté.

—Bueno, he orado sobre esto —me dijo—. Siento que Dios quiere mi tarjeta de crédito para este gasto. El importe total. —Él expresó la confianza de que Dios le supliría el dinero para cuando tuviera que pagar la cuenta de su tarjeta de crédito.

Fue otro hermoso regalo, uno que era imprescindible para nuestras necesidades debido a la condición decrépita de la plomería en nuestra casa.

Nos reunimos con la compañía y elegimos el modelo más básico. Sin embargo, nuestro amigo no lo aceptó. El cambió la orden al modelo más caro, uno que tenía más detalles adicionales. Él estaba seguro de lo que Dios quería que hiciera. Y por cierto que sucedió que un cliente devolvió, sin usar, el modelo exacto que quería mi amigo, dos días después de haberlo comprado, y nosotros recibimos esa unidad nueva con un descuento muy grande.

Unas semanas más tarde, yo estaba en un servicio en la iglesia. Dos de los tres anuncios esa mañana eran con respecto a Alex. El primero fue un simple informe de su progreso, pidiéndole a la gente que orara por nosotros y que nos ministraran. El segundo fue una historia detallada sobre el estado de nuestra plomería. El escuchar que todos los desafíos que enfrentaba nuestra familia eran compartidos frente a la congregación me hizo sentir humilde. Una de las mejores pruebas de la existencia de Dios es el amor que vemos entre sus hijos.

El orador dijo: "Como saben, a la familia Malarkey le están instalando un sistema de filtración de agua. Un amigo de la ciudad de Columbus cargó $4.200 a su tarjeta de crédito y confió en que Dios le proveería esa suma en treinta días. El viernes pasado era la fecha para pagar la cuenta, y para el lunes nosotros habíamos colectado sólo $1.300. No lo anunciamos, sino que confiamos en que Dios supliría para esta necesidad.

"Para el viernes, el total que habíamos recolectado era $5.200. La compañía recibió el pago total, y en cuanto al saldo, Kevin, si está presente hoy, por favor, hable con el pastor después del servicio. Él tiene un cheque para su familia por la suma de $1.000."

Naturalmente, ese dinero fue otro regalo que nos hizo Dios, el cual usamos para pagar cuentas y para comprar cosas que Alex necesitaba. Finalmente, también pudimos comprar una silla de ruedas eléctrica que le permitiría a Alex ir de un lugar a otro usando un control que operaba con el mentón. Una vez que pudimos comprar esa silla, Alex experimentó un sentido de libertad, porque podía ir de un lugar a otro sin tener que depender de otras personas. Si quería ir a otro cuarto, lo podía hacer. Si quería ir hasta el final de nuestra cochera, también lo podía hacer.

Todos debíamos tener mucho cuidado, pero en realidad, esa nueva libertad fue maravillosa para Alex.

¡Seguimos adelante!

Dios suplió cada una de nuestras necesidades y aún mucho más. Una de las necesidades más básicas, la movilización de nuestra familia, sin embargo, continuaba siendo un juego de malabarismo. La forma de vida de nuestra familia y nuestros desafíos singulares hacían que nos fuera muy difícil ir a la iglesia. Queríamos salir juntos como familia, pero simplemente no lo podíamos hacer.

Cuando llegó otro domingo de Pascua y no pudimos ir a la iglesia todos juntos, me sentí muy desanimado. El día de Pascua de Resurrección es mi día predilecto del año, pero no teníamos forma de transportar a Alex para ir a la iglesia. Su silla de ruedas eléctrica, tan fantástica como es, requiere una furgoneta con el espacio suficiente y el equipo especial necesario para asegurarla mientras se está conduciendo.

Mientras estaba en casa ese domingo de Pascua, sintiéndome desdichado, sonó el teléfono. Beth lo contestó y la escuché decir: "Hola, Suzanne."

Suzanne, quien es terapeuta de lenguaje, le había hecho un examen de deglución a Alex hacía varios meses. A esas alturas, hacía un año que Alex no podía comer por sí mismo. Los médicos nos habían dicho que nunca lo podría hacer debido a su incapacidad para deglutir alimentos. Así que esa fue otra meta, otra esfera en la que esperábamos que Dios hablara y aplastara las declaraciones de "imposible" de los médicos.

Alex, Beth y yo hicimos una lista detallada de las primeras cincuenta cosas que comería cuando pudiera ingerir, la primera de las cuales sería la salsa del señor Sullivan. Él era un amigo nuestro que nos había hecho una comida con una salsa deliciosa. Le puse una gotita en la lengua a Alex, y luego la enjugué. Esa fue una prueba de deglución, una que él pasó, e hizo que Suzanne fuera una heroína para nuestra familia.

A medida que Beth continuaba hablando con Suzanne, le comenzaron a correr lágrimas por las mejillas. ¿Qué era lo que estaba pasando? ¿Estaba llorando Beth acerca de un examen de deglución? Cuando colgó el teléfono, me explicó.

Suzanne la había dicho a su pastor de la iglesia Christ Our King (Cristo Nuestro Rey), Robin Ricks, que conocía a una familia que necesitaba una furgoneta. Esa misma mañana, antes de que comenzara el servicio de Pascua, el pastor Ricks se había puesto de pie en la plataforma y había dicho: "Amigos, el Señor me habló esta mañana mientras estaba orando. ¿Les gustaría escuchar lo que puso en mi corazón? Se trata de un niñito que no conozco. Se llama Alex Malarkey, y sufrió heridas muy graves en un accidente automovilístico. Este niño ama al Señor, pero no puede ir a la iglesia sin la clase de furgoneta que pueda transportar una silla de ruedas. También hay otros lugares a los que necesita ir.

+++

A menudo le cuento a la gente la forma en que la iglesia Christ Our King reunió el dinero para comprar una furgoneta en menos de treinta minutos el domingo de Pascua. Todavía no conocían al niño ni sabían que el accidente había ocurrido frente a su iglesia.

Dr. William Malarkey,
el padre de Kevin

"Mientras estaba orando esta mañana, tuve una imagen en mi mente de Alex que estaba mirando a través de la ventanilla de una furgoneta, camino a la iglesia para adorar a Dios. También sentí la fuerte impresión de que, aunque conduje mi automóvil para llegar acá esta mañana, yo no miraría de nuevo a través de la ventanilla de mi propio automóvil hasta que prometiera ver que se recaude el dinero para que ese niñito y su familia tengan una furgoneta. Tengo muy claro lo que Dios quiere que hagamos esta mañana como un acto de obediencia. Comprémosle a esa familia la furgoneta que necesitan."

Explicó que esa ofrenda especial no iba a ser en lugar de la ofrenda regular de la iglesia, la cual sería recaudada como siempre, y que la gente daría sus diezmos y ofrendas como de costumbre. Las donaciones para Alex serían una ofrenda separada. Comenzaron las donaciones, y en cinco minutos, un grupo de menos de cuatrocientas personas reunió dieciocho mil dólares. Ninguno de ellos había conocido a Alex . . . o eso pensaba yo.

Ejemplos de ofrendas que implicaron sacrificio fueron evidentes por todos lados aquel día. Un joven de quince años de edad llamado Eric había estado trabajando para amigos de sus padres, pero todavía no había recibido su pago. Después de escuchar lo que el pastor Ricks dijo, buscó a la señora para la cual había estado trabajando y le pidió que escribiera un cheque, asegurándose de que todo lo que le debía fuera al fondo de la furgoneta. Hubo muchas otras historias de ofrendas del corazón. Cuando nos llegó ese dinero, nos quedamos muy sorprendidos, y todavía le estamos dando gracias a Dios.

Reclutas de una nueva unidad

Era muy agradable mirar por la ventana y ver la nueva furgoneta estacionada en la cochera. Qué regalo tan maravilloso de Dios a través de su pueblo. Beth y yo estábamos ansiosos por conocer al pastor a quien Dios le había hablado de nosotros. El aceptó nuestra invitación para visitarnos, y vino a nuestra casa. Mientras estábamos hablando para conocernos mejor, yo le formulé una pregunta típica: —¿Dónde está ubicada su iglesia?

—Queda en la intersección de las rutas 47 y 9.

El corazón me dio un vuelco. —Pastor, allí es donde sucedió el accidente.

Los ojos se le agrandaron. Tal vez pensó que esa era una coincidencia incómoda, algo que tal vez nos trajera dolor. Pero por supuesto que no fue así. Nosotros no maldecimos ese lugar, sino que lo vemos como un lugar en donde el destino de Dios tomó un giro sorprendente en nuestras vidas —un giro lleno de dolor y de duras luchas, pero un destino para glorificar el nombre de Dios y finalmente bendecir a nuestra familia.

El pastor Ricks habló con Alex por algunos momentos, y los dos se llevaron muy bien. Yo estaba fascinado, y (para ser honesto) un poquito maravillado por la forma en que los dos hablaban del mundo invisible, la esfera de los ángeles y los demonios, y la guerra espiritual. Quedó claro que los dos eran almas gemelas, que ambos tenían experiencia en ese mundo.

+++ Cuando conocí a Alex, me di cuenta de que era un niño que tenía un sólido conocimiento de quién es Dios. Era evidente que su fe era fuerte. No recuerdo haber sentido lástima por él nunca. Mientras me comunicaba con Alex, sentí la presencia de Dios con él en sus sonrisas, en sus preguntas . . . y por cierto que él tenía muchas preguntas.

Pastor Robin Ricks, de la iglesia Christ Our King +++

Nos sentimos muy compenetrados con este hombre. Antes de irse, nos preguntó si podía orar con nosotros. Esa es la forma normal de terminar una visita pastoral. Pero no hubo nada de normal en su oración. El pastor Ricks le habló a Dios con una intimidad increíble, reflejando la relación que obviamente tenía con el Señor. Sus palabras reflejaron, al mismo tiempo, autoridad y humildad. Fue uno de los momentos más maravillosos de comunión con Dios que jamás había experimentado.

Estábamos encantados de tener un nuevo amigo en Cristo, especialmente uno que podía estar a nuestro lado en las trincheras de la guerra espiritual. No volvimos a ver al pastor Ricks de nuevo hasta dos años después, cuando visitamos su iglesia para una actividad de niños un sábado en la tarde. En el instante en que entramos a la iglesia sentimos la presencia del Espíritu Santo de manera palpable. De inmediato, quisimos ser parte de eso, y antes de irnos de allí esa tarde, miré a Beth y le dije: —¿Vamos a . . . ?

—¡Sí! —me respondió de inmediato con una gran sonrisa.

A la mañana siguiente asistimos al servicio de adoración de la iglesia Christ Our King, y hemos asistido allí regularmente desde entonces. Todavía tenemos amistad con nuestra "antigua" familia de la otra iglesia —esas maravillosas personas serán nuestros amigos para siempre—, pero Dios nos estaba moviendo hacia este lugar, reclutándonos en una nueva unidad, por decirlo así. A través del tiempo, Dios nos pone en diferentes lugares con diferentes grupos de personas. Yo creo que la dinámica de la iglesia Christ Our King era exactamente lo que Dios sabía que nos ministraría en ese momento de nuestras vidas, cuando teníamos tantas necesidades. Y por supuesto que esperamos poder ministrarles nosotros a ellos.

+++

En 2008, cerca de Navidad, un grupo de la iglesia Christ Our King vino para colocar un piso nuevo en el dormitorio de Alex. En un momento durante ese día uno de los trabajadores se me acercó y me dijo: —Usted no me conoce, pero yo lo conozco a usted desde hace mucho tiempo . . . unos cuatro años.

Comencé a pensar a toda velocidad tratando de acordarme.

—¿Nos hemos conocido antes?

Me extendió la mano. —Me llamo Dan Tullis —dijo mientras estrechaba la mía y asintió con la cabeza—. Pero es posible que usted no se acuerde de mí. Fue el día del accidente. Apenas habíamos llegado de la iglesia cuando escuchamos un ruido ensordecedor. Corrí a la intersección, que queda como a unos sesenta metros de mi casa. Cuando llegué allí, entré a su automóvil, al asiento de atrás con Alex. Oré por él y traté de consolarlo, aunque no sabía si estaba vivo. Me quedé allí hasta que llegaron los paramédicos. No respiraba, por lo que pude ver.

—Y aquí está usted hoy, cuatro años más tarde, trabajando en mi casa y contándome eso. ¿Y dice que era miembro de Christ Our King en ese entonces?

—Sí. Cuando nuestra iglesia ayudó a comprar la furgoneta, yo no tenía idea de para quién era hasta que usted vino a la iglesia unos dos años después.

—Así que hemos estado asistiendo a la misma iglesia por todo ese tiempo, ¿pero nunca compartió conmigo esa historia?

—¡Supongo que este me pareció el tiempo apropiado!

—Dan, muchas gracias por su ministerio a Alex.

—De nada, hermano.

Ahora ya conocía a dos personas que Dios había enviado al lugar del accidente para orar por Alex de las formas más maravillosas y misteriosas. ¡Sirvo a un Dios grandioso!

Lenguas celestiales

Cuando es hora de dormir, por lo general le colocamos una sábana sobre el rostro a Alex. Le gusta dormir en total oscuridad. Una noche, después de que él había dormido por largo rato, escuchamos ruidos extraños que venían de debajo de la sábana. Levanté la vista de lo que estaba leyendo y me reí. ¿Era esta la forma de Alex de decir: "Por favor, ¿puedes abrir la cortina?" Corrí la sábana hacia abajo y me sorprendió ver que Alex todavía dormía, pero los sonidos extraños continuaron. ¿Estaba roncando de una forma nueva? Comencé a escuchar con cuidado. Había un patrón, una cadencia en los sonidos que hacía, como murmullos indescifrables de otro idioma.

No parecía estresado, así que no lo desperté. Los sonidos ininteligibles continuaron. Como unos diez minutos más tarde, Alex abrió los ojos.

—Papi, estaba hablando con Dios en el Cielo.

—¿De veras, Alex? —le pregunté—. Es fantástico, porque te escuchamos hablar, ¡pero los sonidos eran raros!

—¿Me podías escuchar? —me preguntó sorprendido.

—Sí. Sonaba como palabras en un idioma que no conozco.

Después de unos pocos minutos se volvió a dormir, y los sonidos extraños volvieron otra vez. Aaron, quien tenía siete años de edad, entró al dormitorio. Cuando le echó un vistazo a Alex comenzó a reírse. Entonces se dio cuenta de que Alex estaba durmiendo.

A los pocos minutos Alex despertó de nuevo y vio a Aaron sentado a su lado.

—¿Qué estabas haciendo? —le preguntó Aaron con un poco de inseguridad.

—Estaba hablando con Dios en el Cielo —le dijo—. Es en un idioma diferente.

Hace poco tiempo Alex hizo otro anuncio sorprendente: —Hay un espíritu aquí, en el cuarto, pero no puedo saber qué clase de espíritu es.

Desde que habían comenzado sus experiencias con el otro mundo, Alex siempre había sabido si se trataba de un ángel o de un demonio. Pero esta vez era diferente.

—Bueno, ¿qué aspecto tiene? —le pregunté.

—Se parece a ti —me respondió.

Esto me tomó de sorpresa, así que me reí. —Entonces tiene que ser un ángel —le dije sonriendo.

Pero Alex no se estaba riendo. Tenía el ceño fruncido.

—¿Por qué no usas tu idioma celestial y le preguntas? —sugirió Aaron.

Alex pensó por un momento, luego se volvió a Aaron y le preguntó: —¿Prometes no reírte?

Aaron le hizo una promesa solemne. Yo sacudí la cabeza asombrado por esa conversación entre un niño de nueve años y otro de once.

—¿Me puedes cubrir el rostro? —le preguntó Alex.

Poco después de que Aaron le colocara la sábana sobre el rostro, de nuevo pudimos escuchar el idioma de cuando Alex estaba durmiendo antes. Él continuo hablando en su "idioma celestial," como lo había llamado Aaron, y luego se quedó callado. Después de un momento, con su voz normal, Alex nos pidió que le quitáramos la sábana.

—Era un ángel —dijo Alex—. Él vino aquí para consolarme. Me tocó la cabeza.

Ángeles todo el tiempo

Hemos tenido pequeñas aventuras así de vez en cuando, pero la presencia de los ángeles ha sido una realidad constante. Alex nos dice que desde el accidente, los ángeles han estado presentes en nuestro hogar. Hasta que él llegó a los ocho años de edad —el período más serio de sus problemas físicos—, había un grupo particular de ángeles que rodeaban su cama en el dormitorio principal.

Alex los conocía a todos por nombre, y él conversaba con ellos. John, Vent y Ryan eran nombres que él mencionaba. Por supuesto que una reacción típica es observar que un niño pequeño en un *ventilator* (respirador), que tiene un hermano bebé llamado Ryan, va a llamar así a sus amigos imaginarios. Sabemos que los niños crean amigos imaginarios que los ayudan a lidiar con dificultades nuevas y difíciles. Pasar horas aburridas en una silla de ruedas, sin poder mover ni un músculo debajo del cuello, por cierto que puede inspirar la imaginación de un niño con un mecanismo que lo ayude a salir adelante. ¿No podría explicar esto las extrañas aventuras con los ángeles, así como los nombres sospechosamente familiares? Luché con esas dudas por mucho tiempo.

Al final, si nos cuesta creer lo que vemos, oímos o leemos, debemos elegir si lo vamos a creer o no. Mi trabajo no es convencerlo. Pero para hacer justicia, voy a enfatizar esto acerca de la veracidad de las afirmaciones de Alex. Al igual que cuando ve un árbol que se mece con el viento usted sabe que hay una fuerza poderosa detrás del movimiento, de la misma forma, la mirada que vemos en el rostro de Alex cuando ve a los ángeles revela que él está acompañado de seres poderosos aunque invisibles.

Nuestra amiga Margaret, que estaba en la sala del hospital cuando por primera vez supimos de los visitantes celestiales de Alex, escribió las siguientes palabras en nuestro sitio Internet después de aquella primera sorprendente experiencia: "Quisiera que todos los que leen estas palabras hubieran visto el rostro de Alex. ¡Se veía realmente radiante!"

Radiante, al igual que el rostro de Esteban, que se veía tan radiante como el de los ángeles cuando el Espíritu Santo vino sobre él (Hechos 6:15). Los caminos de muchas personas han cruzado nuestro camino durante estos meses y años. Unas cien personas han estado presentes durante la clase de experiencias que he descrito. No he conocido ni una sola que haya tenido dudas en cuanto a que Alex decía la verdad o que haya sospechado que Alex deliraba.

Un día, cuando nuestro amigo Laryn estaba en nuestra casa jugando a las damas, le pregunté: —Laryn, tú has escuchado a Alex describir sus visitas al reino celestial. ¿Cuál es tu honesta opinión . . . acerca de lo que informa Alex?

—Kevin, no tengo la más mínima idea de lo que habla el niño. Pero el lugar más profundo de mi corazón que tiene consciencia de Dios *grita* cuando Alex mueve los labios.

Esa es una declaración bastante profunda, pero yo sé exactamente a lo que él se refiere: La experiencia de Alex tiene un componente contagioso. Usted *siente* lo que Alex habla.

Es difícil decir: "Usted debería haber estado allí," y esperar que eso sea suficiente. Lo único que puedo esperar es que el Espíritu de Dios se comunique a través de las palabras de este libro para que usted se pueda ver presente en el cuarto con mi hijo.

Hemos llegado a creer que hay ángeles alrededor de nuestra familia todo el tiempo. La Biblia da un indicio de los "ángeles guardianes." Por ejemplo, leemos: "Pues él ordenará a sus ángeles que te protejan por donde vayas" (Salmo 91:11). Y Jesús dijo una vez acerca de los niños: "Cuidado con despreciar a cualquiera de estos pequeños. Les digo que, en el cielo, sus ángeles siempre están en la presencia de mi Padre celestial" (Mateo 18:10). Un ángel protegió a Daniel de los leones (Daniel 6:21-22), y cuando Pedro fue sacado milagrosamente de la cárcel, sus amigos oyeron su voz a la puerta y dijeron: "Debe ser su ángel" (Hechos 12:15). Está claro en la Biblia que a menudo los ángeles ministran, sirven y protegen a la gente, pero no podemos estar seguros de que haya un ángel guardián para cada creyente durante toda su vida.

Observamos un patrón en el ministerio de los ángeles en nuestra familia. Cuando la vida de Alex está en calma, los ángeles son silenciosos y discretos, y a veces están ausentes. Cuando Alex tiene problemas, la actividad de los ángeles aumenta. Durante su primer año en casa, cuando íbamos y veníamos del hospital con mucha frecuencia, casi todos los días hablábamos de ángeles. Ese patrón en realidad contradice la idea de que los ángeles son producto de la imaginación de un niño aburrido —nuestros ángeles llegan con los problemas y la agitación. Cada una de las veces que Alex estuvo en el hospital, escuché sobre ellos. Cuando él está en casa y está bien, pueden pasar semanas sin que se haga mención de ellos.

Sé que tenemos más valor y menos ansiedad cuando sentimos la seguridad de que los ángeles velan por nosotros. Nos sentimos fuertes en el Señor.

Pero también hay otros visitantes, y esos no son tan amigables.

De Alex
Demonios

No luchamos contra enemigos de carne y hueso, sino contra gobernadores malignos y autoridades del mundo invisible, contra fuerzas poderosas de este mundo tenebroso y contra espíritus malignos de los lugares celestiales.

EFESIOS 6:12

Un día quería decirle a mi papi algo importante. Le dije que me tenía que prometer que no se pondría triste. Le dije que no era una cosa triste, sino una cosa alegre.

Después que me dijo que estaba de acuerdo, le dije que hay dos días que anhelo más que todos los días de mi vida.

El primero es el día en que me voy a morir. ¿Ve? Casi no puedo esperar para ir a mi hogar. No es que me quiera morir ahora mismo; no estoy triste.

No es que esté cansado de todo esto y me quiera ir. Es que el Cielo es mi hogar. Quiero volver a él.

El segundo día es cuando el diablo vaya al lago de fuego. Casi no puedo esperar para que él se vaya para siempre.

Recuerdo que el diablo me dijo una mentira en el lugar del accidente: "Tu papi ha muerto y ¡es culpa tuya!" El diablo es el padre de las mentiras, y estoy muy contento de saber ahora que es un mentiroso.

A veces tengo visitantes que no quiero tener —mi papi conoce el sonido de mi voz cuando sucede esto, y viene para orar conmigo.

Pero no siempre necesito que él venga, puesto que él me enseñó cómo debo orar. Los demonios se van cuando escuchan el nombre de Jesús. Papi me dijo lo que Jesús les enseñó a los que lo seguían: "Les he dado autoridad sobre todos los poderes del enemigo" (Lucas 10:19).

Así que yo digo: "Diablo —o demonios— en el nombre de Jesús, salgan de mi cuarto y salgan de esta casa. Por la sangre de Jesús, les ordeno que se vayan. Déjenme en paz."

Una vez, mi hermano Aaron terminó mi oración diciendo: "¡Chau, chau, serpiente mala!"

Algunas veces mi papi no sabe si los espíritus malos se han ido de mi cuarto, pero ¡yo siempre lo sé! Hay paz de nuevo.

Mi papi me pregunta lo que se siente cerca de un demonio. Bueno, ¡es malo, da miedo y es feo! Me acusan de algunas cosas, me traen dudas, me hacen sentir triste y me dicen que nunca voy a ser sanado y que Dios no me protegerá.

Sé que estas cosas suenan mal, pero también sé algo mucho mejor: "El Espíritu que vive en [nosotros] es más poderoso que el espíritu que vive en el mundo" (1 Juan 4:4). Mi Dios es verdadero y fiel y amoroso. ¡Él es perfecto!

Todo el mundo tiene curiosidad en cuanto al diablo, cómo se ve. ¡No quiero hablar sobre esto! ¡El diablo da miedo!, pero yo le puedo decir algunas cosas.

El diablo es la cosa más fea que se pueda imaginar. Tiene tres cabezas. Todas son iguales y tienen cabello en la parte de arriba que está hecho de fuego. Tiene ojos rojos y brillantes, y las pupilas son llamas, y su nariz es horrible y aplastada. Cada una de las cabezas habla mentiras diferentes al mismo tiempo. A mí me habla en inglés, pero su voz es chillona como la de una bruja, y cambia en sonidos diferentes.

La boca del diablo es rara; tiene sólo unos pocos dientes llenos de moho. Y nunca noté que tenga orejas.

Su cuerpo tiene forma humana; tiene dos brazos huesudos y dos piernas huesudas. No tiene carne en el cuerpo, sólo una cosa mohosa. Su ropa está rota y sucia.

No sé cuál es el color de su piel o de sus ropas —¡me da mucho miedo para concentrarme en esas cosas!

Mi papi me preguntó si el diablo toma formas diferentes cuando lo veo. No. Siempre es el mismo horroroso diablo.

Por lo general el diablo viene solo. A veces lo puedo ver, pero por lo general sólo lo siento, y ¡eso es más que suficiente!

Es difícil encontrar las palabras adecuadas para todo esto —el diablo es verdaderamente indescriptible.

Los demonios a menudo son verdes. Tienen cabello de fuego, y su piel y ropas son iguales a las del diablo. Los ojos son los mismos, y los demonios tienen uñas muy largas. A veces viene uno solo, pero es más probable que, a diferencia del diablo, ataquen en grupos.

No los cuento ni los miro con demasiada atención porque me dan mucho miedo. Cuando se trata de los ángeles, los conozco y sé sus nombres. Pero para mí, un demonio es igual a otro.

¿Qué es lo que hacen? Caminan de un lado a otro diciéndole mentiras a la gente.

Hay una guerra espiritual que nunca termina entre los ángeles y los demonios.

CAPÍTULO 9

FINES Y COMIENZOS

Me gustaría que usted pudiera ver sus ojos, escuchar su
voz y sentir la fragancia del Cielo alrededor de este niño
pequeño e inocente, todo eso envuelto en las pocas palabras
sencillas que comparte, y la forma en que las expresa.

EL NIÑO QUE volvió del Cielo era el mismo hijo de antes, pero había algo más. Él había estado "fuera de [su] cuerpo terrenal [y] . . . en el hogar celestial con el Señor" (2 Corintios 5:8), y la experiencia lo había cambiado para siempre. Nos tomó un poco de tiempo entender eso.

Cuando Alex salió de su estado de coma en enero de 2005, él volvió a nuestro mundo en forma gradual. Fue como ver a alguien que lentamente salía de una niebla que separa a dos realidades diferentes. Él estaba presente sin estar totalmente consciente. Al igual que un bebé recién nacido, él tuvo que aprender a entender este mundo.

A medida que pasaban los días, la mente de Alex comenzó a interpretar la información que le daban sus sentidos. La mente consciente había comenzado a trabajar de nuevo. Con rapidez aprendió a comunicarse, usando señales rudimentarias para *sí* y para *no*. Pronto pudo formar palabras con la boca, lo que le dio acceso a ideas y expresiones más complejas.

Aun a estas alturas, aun con lo básicos que eran sus mensajes, nos estaba indicando que había estado en lugares y visto cosas que nosotros no podíamos imaginar. Y sin embargo, había mucho que todavía estaba más allá de su habilidad de explicar.

Desde nuestra perspectiva, nuestro hijo había sido un niño de seis años que dormía en la cama de un hospital. Nuestras oraciones estaban simplemente enfocadas en traerlo de vuelta, en ver que abriera los ojos y en poder decirle que lo amábamos. Entonces, porque sabemos que servimos a un Dios que es amor, nos atrevimos a esperar que el Alex que habíamos criado desde que era un bebé, nuestro Alex único y reconocible, volviera a nosotros.

Vivir en el mundo invisible había aguzado los sentidos espirituales de Alex mucho más de lo que es común para un niño pequeño. Lo dejó con un anhelo poderoso de estar de nuevo con su Señor y Salvador, ya sea en la carne o en el espíritu. También lo dotó de un nuevo sentido del humor que era lo que le infundía su gozo interior.

Aun antes de que Alex saliera del estado de coma, la gente salía de su habitación después de orar y nos decía que habían experimentado algo espiritual muy poderoso, sólo por hablarle a Dios al costado de su cama. Hoy, muchos más están siendo transformados por Alex y su vida. Él ha comenzado a abrirse un poco más en cuanto a lo que vio y aprendió, aunque hay aspectos de los cuales todavía no habla —en algunos casos son detalles sobre el Cielo que se le dijo que no compartiera.

A fines de 2006 y principios de 2007, Alex comenzó a hablarnos más acerca de los ángeles, los demonios y el Cielo mismo. Ya

+++ Me ha sorprendido lo cerca que Alex está de Jesús. Un día, Kevin, su padre, me formuló una pregunta:

—Jami, no quiero expresar esto mal, pero . . . bueno . . . estoy comenzando a preguntarme si Alex tiene algo como un don de profecía. Sé que esto suena un poco raro, pero . . .

—Don de profecía —lo interrumpí—, y no me lo tienes que decir. Hace dos años, después del servicio, yo estaba en el vestíbulo de la iglesia poniéndome mi abrigo. Vi a Alex, en su silla de ruedas, al otro lado del vestíbulo y decidí ir a saludarlo. Hablamos un poco, y justo cuando me di vuelta para irme, Alex me dijo: "Jami, tienes que ir a tu casa y leer Deuteronomio 18."

»"Está bien, Alex, lo voy a hacer. Pero ¿me puedes decir por qué tengo que leer Deuteronomio 18?"

»"Dios me dijo que te dijera que tu hijo va a regresar a tu hogar."

»Kevin, sólo lo miré fijamente. ¿Cómo sabía él acerca de mi hijo adolescente, que vivía con su padre en otra ciudad? Yo quería que él regresara al hogar, y había estado orando constantemente por él. Con el asunto del dinero de su manutención arreglado, no era algo posible, sin mencionar que él *quería* vivir con su padre. Pero aquí estaba Alex, diciéndome que mi hijo iba a regresar al hogar. Escuchar eso me sorprendió mucho, pero por otro lado, Alex dice muchas cosas que sorprenden. Me despedí de él y me apresuré a llegar a mi hogar, me senté en una silla y abrí la Biblia en Deuteronomio 18. El primer versículo habla del establecimiento del sacerdocio levítico de la nación de Israel a través de la tribu de Leví. Casi no pude respirar. Mi hijo adolescente pródigo se llama Leví. Dos semanas después, mi Leví volvió a casa a vivir conmigo.

Jami Kreutzer, una amiga de la familia Malarkey de la iglesia +++

teníamos una comprensión básica de su experiencia: su viaje al Cielo, su encuentro con seres espirituales y todas esas cosas. Sabíamos que tuvo lo que por lo general llamamos una experiencia cercana a la muerte, y nos dábamos cuenta de que no es la primera persona que vuelve con tales relatos. Es verdad que él había hablado de ángeles durante el tiempo en que estaba saliendo del estado de coma. Y sabíamos que ya habían ocurrido milagros: las vértebras de su cuello habían vuelto a su posición normal sin intervención médica, para nombrar uno de ellos.

Sin embargo, en ese momento, lo que sabíamos sobre todo esto era sólo la punta de un iceberg enorme y sorprendente. A medida que Alex recuperó la habilidad de comunicarse con más que monosílabos que le daban mucho trabajo, nos pudo decir más. Por ejemplo, el Cielo no es el mundo "venidero," es *ahora*. El Cielo no está en "las nubes" o en el firmamento. Está en todos lados y en ningún lado. Alex dice que es difícil de explicar.

Nuestra mente terrenal lucha para entender un "lugar" que no es un lugar y un "tiempo" que no tiene pasado, presente o futuro, sino que es el eterno ahora. La tierra, el firmamento, el cosmos y el tiempo —todas son cosas que Dios hizo. Son el hogar que hizo para nosotros, y él entra a ellas e interactúa con nosotros, pero Dios no vive en el espacio ni en el tiempo. El tiempo terminará, y aun el universo terminará. Pero Dios, sus ángeles y todos nosotros los que hemos aceptamos el regalo de Dios vamos a vivir para siempre en el Cielo.

Sin embargo, no vimos esas cosas como inusuales. Para nosotros, el tiempo mismo era algo inusual. Ver a nuestro hijo dormir durante siete semanas —eso fue inusual. Nuestra vida diaria había sido trastornada, y en un sentido, para nosotros no había *nada* usual. Cuando la vida se sale de su curso, tendemos a esperar lo inesperado. Así que lo que estaba sucediendo alrededor de Alex no nos sorprendía tanto como tal vez le sorprenda a usted.

Así que los años que siguieron al regreso de Alex a nuestro hogar fueron sobre finales y comienzos —fue el final del estado de coma de Alex y de que tuviéramos que depender del hospital. Pero también fue el comienzo de un nuevo y desafiante estilo de vida familiar. Aún más que eso, se sentía como que era el comienzo de estar consciente de otro mundo, la poderosa realidad que continúa trascendiendo en la vida de nuestro hijo.

No se me permite decírtelo

"No se me permite decírtelo." Creo que he escuchado esa frase varios cientos de veces durante los últimos cinco años. Verá, tengo la tendencia de fastidiar a Alex con muchas preguntas. ¿Y quién no lo haría? Cuando alguien que vive en su casa profesa haber visitado el Cielo, haber visto ángeles y ver huir a los demonios, su interés se despierta. Pero a Alex no le gustan las preguntas que se le formulan sólo por satisfacer la curiosidad en lugar de tratar de acercarse más a Dios. Siempre me siento intrigado por la clase de preguntas que Alex contesta y la clase que no contesta. Los detalles que él da a menudo son sorprendentes e impredecibles —por ejemplo, que el diablo tiene tres cabezas cuando se manifiesta directamente a Alex, o que las alas de los ángeles parecen "máscaras." Esas cosas no vienen de los libros ilustrados, de las películas o de los videojuegos.

Alex sabe dónde están sus límites, los asuntos que no debe revelar. Pero hay otras razones por las cuales él decide no hablar. A menudo me dice: "Papi, esto no es sobre mí."

En verdad Alex no quiere hacer aspavientos sobre lo que ha visto.

Creo que cuando recién comenzó a compartir, no tenía idea de lo que sería el impacto más allá de su papi y mami. Es un niño tímido, y lo que a él le parecía como una piedrita que se arroja en un lago creó ondas que llegaron mucho más lejos de lo que él podría haber esperado. No le gusta atraer atención sobre sí mismo.

También está consciente de que otras personas no pueden ver lo que él ve, y sé que él quisiera que lo pudieran ver. Supongo que a él le parece raro que sus ojos son los únicos que ven ciertas realidades. Se ha dicho que en la tierra de los ciegos el tuerto es el rey. Por cierto que Alex puede ver cosas que la mayoría de nosotros no puede, pero a Alex no le gusta para nada ser "rey."

Cuando trato de hablar con Alex acerca de cosas celestiales, casi siempre se siente incómodo. No se le permite hablar de algunas cosas; otras veces él lucha para encontrar el vocabulario adecuado. Le puede resultar difícil determinar lo que cae en esas esferas limitadas y lo que puede revelar.

Otra razón por la que a veces Alex se siente renuente a compartir lo que ha visto en el Cielo es que, si se me permite decirlo así, él siente como si le dijera a todo el mundo lo que hay dentro de sus regalos de Navidad. Alex ha visto la mañana de Navidad. Él ha atisbado los maravillosos y brillantes regalos marcados "No abrir antes de Navidad" que nos esperan a todos, y no quiere arruinar el gozo enorme que experimentaremos cuando lleguemos al Cielo y abramos nuestros regalos.

Pensando sobre ese punto, le pregunté: —¿Y qué me dices de ti, Alex? ¿Tu experiencia actual del Cielo va a mermar en algo el día cuando vayas allí para siempre?

Una enorme sonrisa le cubrió el rostro: —De ninguna manera. ¡Casi no puedo esperar para estar allá!

Ese maravilloso día ejerce una atracción irresistible en su corazón como si fuera un imán espiritual. Entonces le señalé que si el Cielo es tan maravilloso como para no dejar de ser una novedad para él, lo mismo podría ser cierto del resto de la gente. Así que, ¿por qué no decirnos a *nosotros* lo que hay dentro de uno o dos de esos paquetes antes de la Navidad?

Él lo entendió y fue un poquito más explícito con los detalles. Pero algunos asuntos permanecen secretos; sus labios están sellados en este lado de la eternidad.

Un día, mientras hablábamos sobre estos capítulos, Alex me preguntó: —Papi, ¿estás seguro de que en realidad debemos escribir este libro?

—Bueno, oré al respecto, Alex —le dije—. Pero si te sientes incómodo con esto, y si Dios no te da una señal clara de seguir adelante, entonces no lo publicaremos. ¿Me puedes decir cuál es la lucha que tienes?

—No quiero que la gente me preste demasiada atención a mí.

—Bueno, estoy de acuerdo contigo sobre eso, y no importa lo que hagamos o digamos, es probable que alguna gente lo haga de todos modos. Lo que tenemos que compartir, sin embargo, está alentando a otras personas. Queremos ayudarlas a pensar acerca de Dios de formas nuevas, y queremos traerle gloria y honor a su nombre. Aun si algunas personas te prestan demasiada atención a ti, ¿no valdrá la pena si muchas, muchas más le prestan mucha atención a Jesús?

Alex permaneció callado, dejándome ver un sentimiento continuo de inquietud.

—Alex —comencé, intentando ayudarlo a ver un cuadro más amplio—, algunas personas en la Biblia también vieron el Cielo. Por ejemplo, fíjate en Juan. Él viajó al Cielo y vio cosas maravillosas, y cuando volvió escribió sobre ellas para que las leyeran millones y millones de personas. La gente se siente alentada cuando lee sobre el Cielo porque vislumbran algo de la maravillosa majestad de Dios, y eso les recuerda que el Cielo es un lugar real. En el capítulo 4 de Apocalipsis, Juan cuenta que vio ángeles con seis alas . . .

—¡Yo también los vi! —Alex sonrió.

Le pedí que me dijera más . . . y ahora usted ha escuchado su testimonio en este libro. Esperamos que esto haga que la majestad de Dios se muestre en su vida de nuevas maneras para que usted pueda continuar creciendo como discípulo de Cristo.

A Alex siempre le encanta descubrir que lo que ha visto también está descrito en la Biblia. Por supuesto que Beth y yo sabemos exactamente lo que Alex ha aprendido y no ha aprendido de la Biblia, puesto que somos los que le hemos enseñado desde que nació. Y Alex ha descrito muchos detalles acerca del Cielo que sabemos que no había aprendido previamente de la Biblia. Por ejemplo, nunca le enseñamos del libro de Apocalipsis. Pasamos tiempo con Alex en el evangelio de Juan.

—Papi, ¡soy sólo un niño! —me dice Alex—. Yo no sé todas las cosas que están en la Biblia. Lo único que sé es lo que Jesús me muestra.

Los viajes de Alex al Cielo continúan

Tal vez a estas alturas está claro que Alex ha estado en el Cielo varias veces, pero el primer viaje el día del accidente fue diferente a lo que ocurre ahora. El día del accidente, Alex pasó a través de un túnel de luz, y tuvo una serie de interacciones con ángeles y con Dios. En esa ocasión, también pudo observar eventos terrenales tales como lo que sucedió en el lugar del accidente (aun después de que el helicóptero de MedFlight ya se había llevado su cuerpo de ese lugar) y en la sala de emergencia donde él y Jesús observaban mientras los médicos operaban en el cuerpo de Alex. Él recuerda cuando hablaban acerca de si se quedaría en el Cielo o si volvería a la tierra. Muchos de estos informes parecen increíbles, pero tienen precedente en el reino de las experiencias entre la vida y la muerte, y las experiencias de los que han vuelto de la muerte. Otros que han ido al Cielo han descrito muchos detalles similares a las experiencias de Alex.

Sin embargo, las experiencias de Alex tienen una diferencia muy importante: él todavía va, de vez en cuando, al Cielo. ¿Cuándo sucede esto? La mayor parte del tiempo mientras duerme. Pero ocasionalmente sucede mientras está despierto en su cama. Hay una cierta regularidad acerca de cómo progresan estas visitas. Él llega justo al lado de adentro de las puertas, y habla con los ángeles que las protegen. Por lo general, esos ángeles están muy entusiasmados acerca del día en que Jesús regrese a la tierra. Y como siempre, le dicen a Alex que no tenga miedo.

—Alex, ¿por qué siempre te dicen los ángeles que no tengas miedo? ¿A qué crees que se refieren?

—Creo que los ángeles están hablando de la gloria de Dios.

Esta respuesta está de acuerdo con las Escrituras. Esos poderosos ángeles saben que están hablando con un ser humano, que no está acostumbrado a la magnificencia y a la total gloria de Dios, lo que la Biblia llama *shekinah*. Una vez el Señor le concedió a Moisés su pedido de ver la maravillosa gloria de Dios. Pero Dios le dijo a Moisés que se parara en una hendidura de la roca mientras su gloria pasaba, y Dios lo protegió con su mano. Moisés no podía ver el rostro de Dios y vivir. Cuando Moisés bajó del monte Sinaí para volver a estar con el pueblo, su rostro resplandecía porque reflejaba la gloria de Dios, y la Biblia nos dice que cuando los israelitas "vieron el resplandor del rostro de Moisés, tuvieron miedo de acercarse a él" (Éxodo 34:30).

O considere a los pastores que hacían vigilia de noche sobre sus ovejas cuando Jesús nació. "Apareció entre ellos un ángel del Señor, y el resplandor de la gloria del Señor los rodeó. Los pastores estaban aterrados" (Lucas 2:9). Hay muchas visitas angélicas registradas en las Escrituras en las cuales la gente tuvo miedo cuando vio a los ángeles. No es de extrañar que los ángeles del Cielo se preocupen por la reacción de un pequeño visitante a la gloria de Dios.

A continuación, Alex entra al Templo y habla con Dios mismo. En el camino, tal vez hable con otros ángeles, o tal vez no.

—Alex, cuando te mueves en el Cielo . . .

+++ Dios sabe cómo mostrar su gracia para darle fuerzas a una persona. Él tiene su forma especial de mostrar su gloria en cada situación, así que creo que es posible que un Dios que es amor, y un Señor Jesucristo lleno de gracia, toquen la vida de un jovencito y le muestren cosas.

Al mismo tiempo, creemos que la Biblia es infalible. La Palabra de Dios es la declaración final, y todas las cosas deben ser filtradas a través de ella. Así que si Alex dice que ha visto el Cielo, nosotros debemos revisar la Biblia y preguntar: "¿Alguien más ha visto el Cielo?" Y si la respuesta es sí, y puesto que Jesús es el mismo ayer, hoy y por los siglos, entonces puede ser sí hoy. Y esa es la base sobre la cual evaluamos toda revelación —ya sea que seamos escépticos o ya sea que creamos— evaluamos toda revelación usando la Palabra de Dios. Si Dios lo ha hecho antes, él lo puede hacer de nuevo.

Pastor Robin Ricks, iglesia Christ Our King +++

—Me puedo mover usando mi propio poder allí. Las piernas me funcionan perfectamente en el Cielo —y se sonríe—. En la tierra no puedo caminar ni moverme de un lado a otro, pero en el Cielo es diferente.

¡Qué maravilloso es saber que la gracia de Dios le ofrece a Alex un lugar donde puede tener la clase de movimiento que fue creado para tener, así como también un anticipo de la perfección que un día disfrutará!

Aun en el Cielo Alex no tiene el "cuerpo de resurrección" perfecto que Pablo describe en el Nuevo Testamento. Él es un visitante que todavía tiene su cuerpo terrenal; allí simplemente está libre de las heridas humanas. Alex espera con mucha anticipación el día en que esté en el Cielo y finalmente reciba su cuerpo celestial.

Alex conversa con Dios hasta que el Señor le dice que la visita ha terminado. A veces hay otros ángeles en la reunión, y otras veces son Dios y Alex solamente.

—Alex, ¿extrañas a Dios cuando estás aquí?

—No, papi, es lo opuesto. Extraño a Dios cuando estoy *con* él, porque sé que voy a irme de allí, de su lado, y yo nunca me quiero ir. Es parecido a ahora, papi. Tú te estás preparando para ir a la oficina, y yo ya estoy comenzando a extrañarte. Así es cuando estoy con Dios. No puedo esperar hasta que me pueda quedar allí. No te puedes imaginar lo que es estar con Dios, pero saber también

+++

Cada persona tiene un propósito, y el propósito de Alex es hablar de la Palabra de Dios. . . . Yo perdí a mi compañero de juegos por un tiempo, pero creo que vale la pena porque mucha gente va a aceptar a Jesús.

Aaron Malarkey, el hermano de Alex

que te tienes que ir. Es por eso que cuando vuelvo del Cielo, casi siempre lloro.

Alex tiene también una conexión continua con el Cielo en su vida de oración. Hace algunos años, cuando yo estaba luchando con un asunto particular, hice lo que para mí es natural: oré sobre eso. Justo antes de salir para mi trabajo le dije a Alex: —Cuando estés orando hoy, por favor, ¿puedes orar por mí?

Alex me miró con ojos penetrantes y me dijo: —Papi, yo siempre estoy orando, porque a través del Espíritu Santo parte de mi cerebro está en constante comunicación con el Cielo. La boca es para comunicarme con la gente.

+++

Fui a ver a Alex para aprender acerca de Dios.

Pastor Robin Ricks, de la iglesia Christ Our King

De inmediato pensé en el versículo bíblico que dice que debemos orar sin cesar (1 Tesalonicenses 5:17). Yo siempre había pensado que eso quería decir que debemos orar *mucho*, pero de alguna manera las palabras de Alex hicieron que pudiera entender mejor la naturaleza continua de comunión a que nos llama ese versículo.

Mi reunión con un ángel

Gracias a Alex, hablar de la presencia de ángeles, demonios y el diablo se convirtió en algo corriente en nuestro hogar, no era algo que nos alarmara. Para mediados de 2006, pensé que había visto y escuchado todo lo concerniente al reino espiritual, y que nada más me sorprendería. Siempre tomábamos con seriedad estas visitas, pero ya no nos asombraban. Entonces, una tarde calurosa del verano de 2006, Alex me dijo: —Papi, hay un ángel en casa y quiere hablar contigo.

Admito que me tomó desprevenido . . . de vuelta, por la milésima vez. Dudando sobre cómo responderle, me reí con un poco de nerviosismo y le dije: —Espera un minuto, Alex, ¡tú eres el "niño de los ángeles," no yo!

Alex me miró como si fuera algo completamente natural, ignorando mi evasión. —Es Juan el ángel que quiere hablar contigo.

—¿Se llama Juan? ¿Me puedes decir algo más sobre él?

—Bueno, tú ya lo conoces, en cierto modo. Él ayudó a los otros ángeles a sacarte del automóvil cuando tuvimos el accidente. Fueron cinco los ángeles que te sacaron, y Juan era uno de ellos. Él fue el que te sostuvo la cabeza.

—Nunca supe eso, Alex. ¿Y él ha regresado?

—No, en realidad no. Él está aquí siempre, y te sigue mucho por todos lados.

Todavía un poco nervioso, le dije: —Alex, ¿qué quieres que haga?

—¡Sólo búscalo, papi! El está aquí.

—Alex, yo no puedo ver a los ángeles de la forma en que tú los ves.

La experiencia de Alex con los ángeles es algo tan familiar para él que lo da por sentado, y a menudo se olvida de que otras personas no ven lo que él ve.

Frunció la frente, y me di cuenta de que sus engranajes mentales estaban girando.

—Papi, ¿cuál es la palabra que significa que puedes ver a través de algo?

—Ah . . . ¿*transparente*?

—Sí, papi, esa es. Sólo trata de ser transparente en tu espíritu. Entonces vas a ver al ángel.

Oh, eso era todo lo que tenía que hacer, sólo ser transparente *en mi espíritu*. Para Alex, era así de simple. Pero ¿qué quería decir eso?

Luché tratando de pensar en lo que quería decir Alex, pero después de unos pocos minutos de intensa concentración, todo lo que vi fue lo que cualquier persona con visión "normal" ve cuando entra a nuestra casa —una sala con muebles. Me sentí falto de coordinación espiritual. Mi hijo no podía funcionar en el mundo físico, pero yo estaba discapacitado en el mundo espiritual. ¿Quién tenía la mayor incapacidad?

Me invadió un fuerte sentimiento de desilusión. He aprendido a confiar en Alex cuando hace esta clase de proclamación, pero algo me estaba impidiendo recibir lo que Dios tenía para mí.

—Alex, tengo que sacar la basura. Te veo en unos minutos.

Alex, quien me había estado estudiando el rostro, se dio cuenta de que me sentía un poco deprimido. —Papi, no desistas en cuanto a ver a Juan, ¿de acuerdo?

Alex siempre había querido que Beth y yo entráramos al reino espiritual con él, que experimentáramos y viéramos lo que él veía.

—Voy a seguir tratando —le dije—. Haré lo mejor que pueda.

Llevar los tachos de basura de la familia Malarkey hasta la pista requiere esfuerzo. Nuestro camino de entrada tiene más de 160 metros de largo. Después de haber caminado hasta el borde de la pista, hice una pausa en el crepúsculo. Era un atardecer hermoso. Esperé y escuché . . . un coro de grillos.

En realidad estaba tratando, porque creía en Alex. Él les había hablado a muchas personas, y había tenido muchísimas experiencias directas con los ángeles, muchos milagros como para dudar de que Dios le había abierto a Alex una insólita ventana al reino celestial. Por cierto que si un ángel tenía un mensaje de Dios para mí, yo debo tener la capacidad de verlo o de escucharlo. Con lentitud levanté el corazón y las manos al Cielo: "Señor, aquí estoy. Si quieres decirme algo a través de uno de tus ángeles, estoy dispuesto a recibir cualquier experiencia que quieras que tenga."

Algunas personas tienen impedimentos físicos; yo debo tener alguna clase de impedimento sobrenatural. Alex debe estar muy adelante de mí en esto. Miré hacia atrás, a nuestra casa, aspirando profundamente el aire vespertino. De pronto dije: "Te he ungido con un mensaje de esperanza."

¿De dónde vino eso? De pronto un escalofrío me corrió por el cuerpo mientras miraba a mi alrededor. No vi nada fuera lo común, pero Alguien le había hablado a mi espíritu. Sentí un temblor en el espíritu, lo cual me dio una sensación de que había más. Al igual que una señal radial se sintoniza en la frecuencia correcta, me llegó primero poco a poco. El corazón se me quería salir del pecho. El Señor estaba comunicándome directamente su voluntad para mí. Comencé a correr camino arriba, y entré por la puerta como un tornado. Busqué torpemente en el mostrador y en el escritorio algo con lo cual escribir:

Te he ungido con un mensaje de esperanza . . .
para la iglesia . . .
el cuerpo de Cristo . . .
y para aquellos que serán parte del cuerpo . . .
que el Señor sea exaltado y sea visto en su verdadera gloria . . .
Esta es la palabra del Señor que te ha sido dada por el ángel Juan.

Solté el bolígrafo y releí lo que acababa de escribir.

"¡Alex! ¡Alex!"

Al ver mi gozo, Beth y Aarón se nos unieron, escuchando muy sorprendidos.

—Él me habló . . . en mi espíritu . . . cuando estaba al final de la entrada. Juan, el ángel, me habló y me dijo . . . —Y les leí lo que acababa de recibir.

Beth y Aarón estaban muy sorprendidos, pero Alex no se sintió conmovido en lo más mínimo. Si le hubiera dicho que los grillos estaban cantando esa noche, hubiera tenido la misma respuesta: *¿Qué hay de espectacular aquí?, sucede todo el tiempo.* Yo estaba embargado de emoción, pero para él no tenía nada de extraordinario. Justo cuando nosotros tres estábamos disfrutando del grato sentimiento de esa experiencia, Alex dijo: —Hay más. Tú deberías ir otra vez a ese lugar.

Fui al lugar exacto donde había estado; no iba a echar a perder nada acerca de esta experiencia. A los pocos momentos, la voz llegó de nuevo:

Habla de mí, por mí y acerca de mí
Usa a Alex para mostrar quién soy yo
Lo he elegido a él como una pantalla en la cual mostrarme
    a mí mismo
Soy unidad, la Trinidad, un círculo completo,
Tu historia llevará a la alabanza y a la adoración, habrá
    llamados al altar
Tus cuentas no me preocupan en lo más mínimo
Estaré contigo todos los días de tu vida
Te hablaré
Te guiaré
Estoy contigo
Tú eres importante para mí, quiero ser importante para ti
Mi amor es incondicional
Mi venganza es restringida para los santos
Mis apóstoles murieron por mí, ¿estás dispuesto tú a morir por mí?

Soy el Alfa y la Omega, el principio y el fin.

Cuando regresé a casa, comencé a escribir nuevamente a toda velocidad antes de volver al cuarto de Alex. Él estaba profundamente dormido. Pensar en mañana me parecía como que tenía que esperar varios días. Estaba tan ansioso de compartir con él lo que había recibido. Cuando Alex finalmente despertó, le leí todo lo que había escrito.

En forma simple y sin perturbarse me dijo: "No se te escapó nada."

Para él era algo habitual, pero yo sentí que había sido elevado, dado vuelta al revés y sacudido hasta lo más recóndito del alma. Por favor, entienda que yo no vengo de un trasfondo que acepta de forma regular invasiones sobrenaturales en nuestro mundo físico; mi peregrinaje de fe había sido muy conservador. Pero aun en el proceso de publicar este libro, puedo ver que se está comenzando a cumplir lo que el Señor me reveló.

+++

La fe en Cristo que tienen mi nieto y mi hijo ha creado en ellos una resistencia que ha cambiado esta tragedia en una historia de maravilloso significado y propósito para mí, para mi familia y para muchas otras personas.

Dr. William Malarkey,
el padre de Kevin

Tal vez el hablar del ámbito espiritual lo hace sentir incómodo. Si es así, no está solo —también me hace sentir incómodo a mí. Una cosa es que otras personas tengan encuentros sobrenaturales, otra diferente es cuando el que los tiene es usted. Nada siquiera remotamente cercano a esta experiencia me había ocurrido jamás en la vida. Mi mente tuvo que luchar para ponerse al nivel de mi espíritu. Si no tiene una caja teológica adecuada en la cual colocar todas estas cosas, no se preocupe; yo tampoco la tengo. Son lo que son, y simplemente estoy informando lo que sucedió. Afortunadamente tenemos las Escrituras como guía infalible para evaluar todo lo que experimentamos.

Los verdaderos ángeles

Mientras que algunas personas tienen dificultad para pensar en el ámbito espiritual, otras parecen tener una fascinación malsana con las cosas celestiales. Puede convertirse tanto en una forma de evitar responderle a Dios tal como él se ha revelado en la Biblia, o de hacer la obra de Dios en los días mundanos y comunes que forman nuestra vida. Después de todo, ¿no tenemos todos momentos cuando quisiéramos no tener que limpiar el baño? En mi familia existe mucho amor, pero ¡hay días cuando quisiera ser transportado muy lejos, a una asoleada playa, y estar allí contemplando ángeles!

El Cielo, los ángeles y los milagros son maravillosos y fascinantes. Sin embargo, si todo lo que Alex y yo hemos hecho es proveer momentos emocionantes al contarles lo que ha sucedido en nuestras vidas, hemos fracasado en forma lamentable. La Biblia habla claramente oponiéndose a los que adoran la creación en lugar de adorar al Creador. De igual manera, si no tenemos cuidado, podemos enfocarnos en los mensajeros y no ver al Dios que los creó y los envió.

Los ángeles no son pequeños y bellos querubines que viven en las ramas de los árboles de Navidad; son seres poderosos que han sido creados para hacer la obra de Dios. La Biblia constantemente describe a los ángeles como mensajeros y agentes especiales de Dios que visitan el mundo físico para llevar a cabo sus tareas. La Biblia también nos dice que practiquemos la hospitalidad, porque un día, sin darnos cuenta, tal vez hospedemos ángeles, como otros lo han hecho (Hebreos 13:2).

Si le puedo ofrecer una humilde palabra de exhortación, el enemigo es un engañador que se disfraza de ángel de luz. Todos debemos estar en guardia contra la verdad adulterada. Todo lo que no está de acuerdo con las Escrituras es falso. Los ángeles de Alex nunca operan fuera de los parámetros que encontramos en las Escrituras, que es lo que determina la autenticidad.

No es necesario que usted vea o hable con los ángeles para vivir una vida que glorifica a Dios. En su búsqueda de significado, no se deje desviar en pos de una experiencia sobrenatural. Busque a Dios a través de su Hijo, Jesucristo.

La esperanza de Alex es que al escuchar la forma en que Dios se le ha revelado en su vida, usted sea atraído hacia el Único que da verdadera esperanza.

De Alex
Todavía visito el Cielo

*Entonces, mientras miraba, vi una
puerta abierta en el cielo.*
APOCALIPSIS 4:1

En realidad no me gusta mucho hablar del Cielo estos días. Me gustaba más hablarles a mi mami y a mi papi acerca de las cosas que eran experiencias nuevas para mí. Yo estaba muy animado compartiendo lo que veía. Sé que Dios tiene un propósito para mi accidente de auto y para lo que me ha mostrado en el Cielo. Sé que todo esto puede ayudar a otras personas. Pero es difícil hablar de cosas celestiales. Son más difíciles de describir que las cosas de la tierra. No tengo todas las palabras que necesito.

Ahora, cuando papi comienza a hacerme preguntas, por lo general pongo los ojos en blanco y trato de llegar a la última pregunta. Cuando terminamos, lo que quiero es un videojuego o tiempo para jugar con papi.

Anoche mi papi me explicó que a veces Dios quiere que compartamos con otras personas lo que él nos muestra, y otras veces quiere que no digamos nada. Que al apóstol Pablo se le advirtió que no compartiera lo que había visto en el Cielo. Papi me dijo que Dios le indicó al apóstol Juan lo opuesto: que debía compartir lo que él le había mostrado en el Cielo —o por lo menos parte de eso.

Eso me hizo sentir alivio. Yo creo que soy una combinación de Juan y Pablo. Sé que debo compartir algo de lo que he visto en el Cielo, y también sé que Dios me ha dicho que no hable sobre otras cosas. Se me permite decirles a mis padres algunas cosas que ellos no deben compartir, y hay algunas cosas que ni siquiera les digo a ellos.

Dios sabe exactamente lo que yo puedo manejar. Sabe cuánto puedo entender, y sabe lo que sería demasiado difícil para mí no compartir. ¡Él es perfecto!

Una noche mi papá me dijo que creía que yo sólo comparto un 10 por ciento de lo que he visto en el Cielo. Esto me hizo sonreir con una gran sonrisa.

Pero, yo todavía no estaba seguro de si debía compartir

todo esto en un libro. Le pregunté a mi papi acerca de eso, y le dije que no quiero que la gente se fije en mí. Pero he decidido que está bien compartir algunas cosas porque, después de todo, el Cielo y los ángeles son parte del mensaje de la Biblia. Espero que esto lleve a la gente más cerca de Dios.

Así que le voy a decir un poco más.

Cuando visito el Cielo, veo ángeles que vuelan alrededor del trono de Dios. Cantan mientras vuelan.

Pensaba que las dos alas sobre el rostro de los ángeles eran máscaras, pero más tarde cuando mi papi y yo hablamos sobre eso, me di cuenta de que eran alas.

¿Dice la Biblia que el ángel Miguel está al lado del trono, escribiendo lo que la gente hace en la tierra?

Yo sé que estoy con Dios cuando visito el Cielo, pero usted no puede ver a Dios en su trono —los ángeles vuelan tan rápido que impiden que uno lo vea.

Nadie podrá ver el rostro de Dios hasta más tarde.

CAPÍTULO 10

EL CAMINO POR DELANTE

*Cuando la gente me pregunta si mi fe ha sido afectada
porque Alex todavía no ha recibido la sanidad completa,
les respondo con un rotundo no. Los últimos dos años
nos han traído recordatorios nuevos y sorprendentes de
que todavía estamos en la palma de la mano de Dios.*

DESPUÉS DE TODAS nuestras afirmaciones llenas de seguridad sobre la completa recuperación de Alex, ¿no sería maravilloso terminar este libro con la historia de que Alex despertó una mañana totalmente sanado, saltando de la cama y corriendo al patio del frente de la casa para jugar fútbol con Aaron, o subirse a los árboles con Gracie? Pero la realidad es más compleja, más hermosa que eso.

Aunque las lesiones de Alex lo limitan de algunas maneras, él tiene las mismas metas, sueños y aspiraciones de cualquier jovencito cuyo corazón le pertenece a Dios. Y ¡él tiene la determinación de perseverar en todo eso!

El nuevo normal

Para Alex, esto significa trabajo duro —tanto físico como mental— todos los días. Alex es muy tenaz. Beth lo ayuda a hacer una hora de ejercicios de elongación todas las mañanas y todas las tardes para asegurarse de que sus miembros y su torso permanezcan flexibles. Beth le provee toda la terapia de elongación, y también limpia la zona del tubo traqueal de Alex durante cada sesión de ejercicios. Un fisioterapeuta viene dos veces por semana para enseñarle a Alex diferentes movimientos usando una variedad de equipo sofisticado, que simula el caminar.

Nosotros educamos a nuestros hijos en el hogar, como habíamos comenzado a hacer antes del accidente. A Alex le encanta leer y pasa parte de cada día trabajando en diferentes asignaturas que provee una escuela por Internet. Usa la boca para controlar el ratón mientras estudia su curso de matemáticas y otras materias. El accidente atrasó académicamente a Alex un año completo, pero ya lo ha recuperado, y ahora está en el grado que le corresponde para su edad.

A Alex le encanta ir a la iglesia, y hasta canta en el coro. Si se siente bien y lo puede hacer, los domingos de mañana usted lo va a encontrar en la iglesia Christ Our King. Alex es muy social y le encanta hablar con la gente. ¡Dice las cosas como son, y tiene reputación de tener siempre la última palabra!

Alex puede operar su silla de ruedas moviendo el mentón. Le encanta jugar pato, ganso y también le gusta jugar a las escondidas. (Por lo general él es el que busca a los que se esconden, pero cuando le toca esconderse a él, nosotros lo tapamos con frazadas y almohadas en un lugar que no sea fácil encontrarlo.) También le gustan mucho los videojuegos. Aaron y yo somos sus "manos" y Alex es el "cerebro" cuando jugamos: "Da vuelta aquí; no, no, ¡más despacio! ¡Dobla a la derecha, a la derecha!" Alex juega inclusive con armas de juguete. Le ponemos lentes protectores, un escudo y le ponemos una de estas armas de juguete sobre las rodillas, y él trata de arrinconar a los otros jugadores con su silla de ruedas.

Como ya mencioné, Alex es fanático de los deportes y en cuanto a mantenerse informado puede competir con el mejor. Es muy fiel a sus equipos favoritos y nunca se pierde uno de sus juegos. Cuando Alex escuchó que el presidente Obama había elegido al equipo de Georgetown como el que le ganaría al equipo de los Buckeyes en el torneo masculino de básquetbol de 2010, él tuvo una o dos cosas que decir al respecto. Pero ¿qué espera usted de un niño cuyo padre manipuló para que su hijo naciera en la sala del hospital que tiene la mejor vista del estadio de los Buckeyes?

+++ Cuando se presentan algunas situaciones —y "muchas son las aflicciones del justo" (Salmo 34:19, RV60)— Dios nos da su gracia en proporción a nuestras necesidades. Jesucristo ministra su gracia a todos los que confían en él.

Pienso en lo que dijo el apóstol Pablo después de enumerar algunas de las cosas que había tenido que soportar —pasó una noche y un día como náufrago en alta mar, estuvo entre hermanos falsos, fue azotado— pero luego dijo: "De buena gana me gloriaré más bien en mis debilidades, para que repose sobre mí el poder de Cristo" (2 Corintios 12:9, RV60). ¿Por qué se gloriaría Pablo en sus debilidades? Porque allí es donde reposaba en él el poder de Dios. A través de sus pruebas recibía una medida mayor de la gracia de Dios.

Así que la pregunta verdadera no es: ¿Cómo es estar en una silla de ruedas? La pregunta es: ¿Cómo es Dios cuando usted está en una silla de ruedas? Esa es la verdadera pregunta, porque Dios da abundante gracia.

Pastor Robin Ricks, iglesia Christ Our King +++

A veces, alguien nos pregunta a Beth o a mí: "¿Cómo pueden manejar todo eso? Yo nunca lo podría hacer." Bueno, cuando Dios le da algo para hacer, usted simplemente lo hace. Lo que le parece extraño a alguien más para nosotros es normal. Cada uno de nosotros, de una forma u otra, vamos a ser enfrentados, alguna vez en la vida, con un nuevo normal. Cuando lo aceptamos y seguimos adelante, tendemos a ser mucho más felices.

En un nivel, entonces, nuestra familia ha desarrollado rutinas diarias diferentes, y disfrutamos tanto los juegos y la risa como todos los demás. Pero eso no significa que nos hemos resignado a las cosas como son ahora. Dios todavía está trabajando, llevando a cabo sus propósitos en la vida de nuestra familia y en la de Alex. Los últimos dos años nos han traído recordatorios nuevos y sorprendentes de que todavía estamos en la palma de la mano de Dios.

La ciudad de San Luis

A medida que la historia de Alex continúa desarrollándose, sólo podemos agradecer a Dios por el continuo interés y apoyo que le ha permitido a Alex hacer grandes adelantos. Beth ha investigado muchísimo en cuanto al desarrollo de Alex. Uno de nuestros sueños constantes ha sido poder internar a Alex en el Kennedy Krieger Institute (KKI) en la ciudad de Baltimore, para que participe en su programa de dos semanas. KKI es la mejor institución del mundo en cuanto al tratamiento de niños como Alex. Esta institución ofrece la misma clase de terapia y tratamiento que recibió el actor Christopher Reeve. Pero siempre hubo un gran obstáculo: los $15.000 que cuesta el tratamiento. Esa no es una gran cantidad de dinero para Dios, pero para nosotros era una montaña demasiado alta de escalar. Si Alex iba a ir a KKI, Dios tendría que proveer el dinero.

En el curso de su investigación, Beth conoció a Patrick Rummerfield, quien trabaja en el International Center for Spinal Cord Injury (Centro internacional para lesiones de la columna vertebral) en KKI. El interés de Patrick en las lesiones de la columna es personal. En 1974, él sobrevivió un accidente automovilístico, pero quedó tetrapléjico. Trabajó muy arduamente en cuanto a su fisioterapia, y finalmente recuperó el uso total de sus extremidades. De hecho, él es el único tetrapléjico en el mundo que se ha recuperado totalmente. Hoy en día, Patrick corre maratones por todo el mundo. Desde poco tiempo después del accidente, Beth ha trabajado incansablemente para tratar de que Alex pueda ser admitido en KKI, y Patrick ha trabajado a su lado desde el comienzo.

En julio de 2009, el sueño de que Alex fuera admitido en KKI se hizo realidad a través de la generosidad de mucha gente. El primero es Eric Westacott. En 1993, Eric se estaba deslizando de cabeza hacia el "home" en un juego universitario de softball cuando se lesionó, y quedó tetrapléjico. Esto no detuvo a Eric. Hoy él es abogado y también presidente de la Eric Westacott Foundation. Maneja su propia furgoneta, trabaja a tiempo completo y, lo que es más importante, es una persona fantástica. Su enfoque positivo de la vida es poderoso, y es inspiradora la forma en que trabaja incansablemente a favor de otras personas. Todos los años, la fundación de Eric lleva a cabo un torneo de golf en la ciudad de San Luis, cuyo único propósito es obtener fondos para beneficiar la investigación de los estudios sobre la columna vertebral. En 2009, las entradas del torneo se designaron para los esfuerzos de rehabilitar a Alex, y en forma específica para enviarlo a KKI.

Eric y Patrick trabajaron juntos para llevar a cabo el torneo de golf y la subasta a beneficio de Alex. La Eric Westacott Foundation envió dinero para que nuestra familia pudiera viajar a San Luis y permanecer allí durante una semana. Esto nos dio mucho ánimo. No habíamos viajado ni pasado noches fuera de nuestra casa juntos desde 2004. Conduciríamos la furgoneta que nos había comprado la iglesia, llevando un remolque que nos había prestado una familia cuyo hijo, con lesiones a la columna, había fallecido hacía poco, y viajaríamos con el dinero que nos había provisto la Westacott Foundation.

Cuando llegamos a San Luis, Eric y Patrick nos dieron entradas para ir al juego de béisbol del equipo de los Cardinals que se jugaría al día siguiente. A Alex y a Aaron les encanta el béisbol. Fue la primera vez que tuvimos la oportunidad de llevar a Alex a un juego. Nos divertimos mucho. Fuimos dos horas antes de que comenzara el juego para ver las prácticas de los bateadores, e ¡hicimos lo mejor que pudimos para batir el récord de ventas del puesto de comida en un solo juego!

El sábado, fuimos al decimosexto EWF Golf Classic Tournament. La gente vuela de todas partes del país para participar. No teníamos conexión directa con ninguno de los participantes. Nos sentimos muy bendecidos al ver todo el esfuerzo que había tenido lugar para ayudar a Alex.

Durante el banquete y la subasta, nos divertía observar el intento de algunas personas de querer hacer ofertas más grandes que las de sus amigos para ayudar a Alex. Cuando presentaron a Alex, recibió un aplauso con los concurrentes de pie, y a continuación Patrick y Beth dieron cortos discursos. Finalmente, trajeron un cheque enorme y se lo dieron a Alex. La Eric Westacott Foundation había reunido el doble de lo que se necesitaba para una estadía de dos semanas en KKI. Ahora Alex podría ir dos veces para dos tratamientos de dos semanas cada uno.

En un sentido, esa tarde mi familia y yo fuimos espectadores. Fuimos los beneficiarios de los esfuerzos de la fundación, pero en realidad nos encontrábamos entre desconocidos. Me maravilló que personas que ni siquiera nos conocían pudieran ser tan generosas. La actitud de esas personas era similar a la amorosa generosidad que habíamos experimentado en nuestra iglesia. Dios puede usar a cualquier persona para cumplir sus propósitos. Jesús siempre se está manifestando a través de cada situación, si sólo estamos dispuestos a abrir los ojos.

Además de todos sus esfuerzos junto a Eric y a su fundación, Patrick también se puso en contacto con la Christopher and Dana Reeve Foundation, y les pidió que nos ayudaran de otra manera. Desde hacía varios años habíamos estado tratando de conseguir una bicicleta especial de rehabilitación para Alex. Lorraine Valentini, quien es campeona estadounidense de ciclismo, y su esposo, Chris Reyling, habían donado esa clase de bicicleta, que era precisamente la que Alex necesitaba, a la fundación de la familia Reeve. La bicicleta de estimulación eléctrica RT300 está diseñada para enviar impulsos eléctricos a electrodos que se colocan en los músculos de las personas, lo que causa que los músculos se contraigan y se ejerciten. Patrick fue esencial para conseguirle a Alex esa bicicleta. Otra vez, la generosidad fue sorprendente; nuestro Dios, maravilloso.

Despertar sobrenatural

El despertar sobrenatural de Alex a la realidad más poderosa y más llena de paz que alguien pueda experimentar sucedió cuando él tenía apenas seis años de edad. Desde entonces, su experiencia ha sido como la de un personaje en una película que continuamente disfruta de un banquete celestial suntuoso, sólo para ser traído de golpe a la realidad cada veinte minutos, para experimentar escenas de la vida familiar, y grandes dificultades físicas —¡antes de la escena final donde el círculo se completa!

Dios le ha dado a Alex una medida especial de gracia para que siga su propia peregrinación, creando una relación inusualmente hermosa y pura con el Espíritu de Dios. El cuerpo de Alex no ha llegado adonde nosotros quisiéramos que estuviera, pero su espíritu está mucho más allá de lo que jamás pudiéramos haber imaginado cuando oramos, el día en que nació, pidiendo que nuestro hijo caminara cerca de Dios.

+++ Una sola conversación con Alex puede cambiar completamente la forma de pensar de una persona y su perspectiva de la vida. Este es un testimonio de cómo Dios está obrando grandemente a través de la vida de Alex y de su pasión personal por Jesús. ¡Yo he tenido conversaciones con este jovencito que me han hecho sentir que mi fe se encuentra en algún lugar detrás de la fe de Tomás, el discípulo que dudó! Pero teniendo en consideración la profundidad que tiene Alex —y yo podría pasar todo el día hablando con él acerca de Dios y de lo que ha experimentado— es alentador saber que actúa como cualquier otro jovencito de doce años de edad, que necesita que lo corrijan, y todo eso.

Will Zell, pastor de evangelismo, iglesia Christ Our King +++

No me malinterprete. Esto no quiere decir que Alex es cierta clase de santo de otro mundo. A veces, está muy lejos de eso. Él es un niño normal, de doce años de edad, a quien le gusta hacer bromas, le gustan los deportes, que a veces desobedece a su mamá y papá y que está en una silla de ruedas.

Superman y la operación

En 2003, el Dr. Raymond Onders, cirujano e investigador mundial-
mente famoso, le colocó un pequeño aparato a Christopher Reeve
que le permitió respirar sin el respirador. En enero de 2009, progra-
maron a Alex para hacerle lo que muchos llaman "la operación de
Christopher Reeve."

Christopher Reeve fue pionero para los adultos. Alex iría a la
vanguardia para los niños, puesto que sería el primer niño del
mundo en someterse a este tipo de cirugía del Dr. Onders. La
operación requiere implantar un pequeño
dispositivo que permite a los pacientes
paralíticos respirar sin un respirador al
estimular los músculos y nervios que van
hasta el diafragma. En junio de 2008,
la Administración de Medicamentos y
Alimentos (FDA) aprobó el uso del dispositivo para adultos. Los Hospitales
Universitarios de Cleveland consiguieron
permiso especial de la FDA para practicarle esa operación a Alex.

Justo antes de la operación, recibimos
una llamada del departamento de relacio-
nes públicas del hospital para hablar sobre
la posibilidad de que algunos medios de
comunicación hicieran un reportaje sobre
eso. "Por supuesto," les dijimos, imaginán-
donos un comunicado de prensa o tal vez una historia en las noticias
locales. Claro que nosotros podríamos dar una breve entrevista después de todo lo que estábamos recibiendo. Subestimamos la atención

+++

*Señor Matt, cuando
usted y mi papá vayan
a hablar con la gente
que va a publicar este
libro, dígales que yo sólo
soy un niño normal, y
asegúrese de decirles que
tengo mal genio.*

Alex Malarkey, hablando
con Matt Jacobson,
agente literario de
Kevin y Alex Malarkey

que la operación de Alex provocaría en los medios de comunicación . . . sólo un poquito.

+++

Christopher Reeve fue un pionero. Chris tuvo el valor de ser uno de nuestros primeros pacientes y abrió el camino para un exitoso marcapasos diafragmático por cirugía laparoscópica ambulatoria con un programa en el hogar para abandonar el ventilador en forma gradual.

Dr. Raymond Onders, citado en el sitio Internet: www.synapsebiomedical.com/ news/reeve

Beth, Alex y yo llegamos a Cleveland la noche anterior al día de la operación para hacer el trabajo preliminar en el hospital. Comenzamos llenando formularios y llevando a cabo los pequeños exámenes antes de la operación. Antes de mucho tiempo, llegaron varios reporteros del periódico local *Plain Dealer* de Cleveland y algunas de las estaciones de televisión. Hablamos con los reporteros, pero por alguna razón no nos preguntamos: *¿Por qué está llegando la prensa la noche anterior a la operación de Alex?*

A la mañana siguiente, me fijé en las últimas páginas del periódico para ver si había algún artículo. Como no encontré nada, doblé el periódico y lo puse sobre el mostrador antes de volverlo a mirar. Había una historia grande en la primera página del periódico. ¿La primera plana? ¡Ni siquiera lo habían operado todavía! Era un buen artículo, aunque todas las referencias que habíamos hecho acerca de Dios habían sido suprimidas. (Más tarde, el escritor se disculpó conmigo por eso. La copia original que el reportero le había dado al periódico tenía la entrevista inicial, tal como tuvo lugar. Un editor del periódico había quitado todas las referencias a Dios. ¡Espero que él o ella lea este libro!)

Cuando íbamos camino al hospital aquella mañana, yo doblé mal en una esquina, lo cual nos hizo llegar unos pocos minutos tarde, y eso les dio a los medios de comunicación más tiempo para instalarse. Cuando entramos al lugar donde preparan a los pacientes para las operaciones, descubrimos que unas veinte personas de los medios de comunicación se habían instalado allí con elaborados sistemas de luces y estaban listos con su equipo para comenzar a filmar. La mañana comenzó con una serie de entrevistas con Beth, el Dr. Onders y yo. En un momento, fui al vestíbulo para comprar una taza de café. Tan pronto como entré allí, una mujer me dijo: —Toda la ciudad de Cleveland está orando por su hijo.

Me tomó por sorpresa, porque yo no estaba consciente del enorme interés en la operación de mi hijo.

—Oh, lo siento —me dijo—. ¿Sabe que ustedes estuvieron en todos los informativos matutinos?

—No; no me enteré.

—Bueno, estuvieron en todos. Todo el mundo habla sobre esto. En mi iglesia estamos orando por Alex.

Entre toda la actividad de los medios de comunicación y los asuntos que rodean a una operación de esta envergadura, yo estaba vigilando de cerca a Alex. Me di cuenta de que después de los preparativos para la operación, él estaba un poco nervioso. El Dr. Onders también lo notó. Él es un profesional consumado y percibe cómo se sienten sus pacientes. Antes de mucho tiempo, Alex y el Dr. Onders estaban hablando con entusiasmo sobre fútbol. Alex dejó bien en claro que su equipo, los Steelers, era mejor que los Browns, que era el equipo del Dr. Onders. Unos minutos después, se llevaron a Alex a la sala de operaciones.

A Beth y a mí no nos dejaron pasar más allá de cierto punto, pero sí dejaron pasar a un hombre con una cámara. Él filmó la operación completa, mientras los miembros de los medios de comunicación se congregaron en el pasillo. Durante los noventa minutos que Alex estuvo fuera de nuestra vista, Beth y yo dimos algunas entrevistas. En realidad eso fue una maravillosa distracción para nosotros. Ocupados con las preguntas sin fin de los reporteros, tuvimos poco tiempo para preocuparnos por Alex. Hacia el final de la operación, noté que una de las reporteras estaba en un lugar sola, orando. Beth y yo nos dirigimos hacia ella, y pronto los tres estábamos orando juntos.

Finalmente, la gente comenzó a salir de la sala de operaciones, y muy pronto vimos que traían a Alex en una camilla. Se veía bien, con la excepción del cable eléctrico que tenía colocado en la parte superior del pecho, al cual se enchufaría el dispositivo eléctrico. ¡Nos sentimos un poco raros al ver a nuestro hijo con un cable que iría directamente a la corriente eléctrica!

Estábamos ansiosos por hablar con el Dr. Onders para que nos diera su perspectiva sobre la operación.

"Todo salió muy bien. La operación fue un éxito rotundo," comenzó a decirnos. "De hecho, cuando enchufé el aparato para probarlo en la sala de operaciones, Alex inhaló tanto aire que el pecho casi le reventó. Por lo general, probamos el sistema durante cinco minutos. Con Alex, lo probamos durante quince minutos. Todo salió muy bien."

Nosotros estábamos muy emocionados.

Llevaron a Alex a la zona posoperatoria, en la cual estaban esperando los ansiosos reporteros. Aun antes de que Alex despertara, varios locutores estaban llevando a cabo reportajes en vivo para sus organizaciones. Beth y yo estábamos sonriendo, al lado de la cama de Alex, siguiendo al dedillo las instrucciones de mirar fijamente a Alex mientras los locutores hablaban sobre él.

Con las cámaras todavía filmando, el Dr. Onders se acercó a Alex y dijo: —Durante toda la operación, yo decía: "¡Arriba los Browns!"

Alex todavía no estaba plenamente consciente, pero estaba lo suficientemente lúcido como para decir en una voz tenue: —Los que están en la final son los Steelers y no los Browns.

Ese es Alex —siempre rápido con la respuesta, ¡aun si está medio inconsciente!

En el remolino de la actividad de los medios de comunicación, no sabíamos lo que venía a continuación, así que nos sorprendimos un poco cuando pusieron un horario en nuestras manos —nuestro horario de entrevistas con la prensa. Nos explicaron que Alex necesitaría varias horas para recuperarse; mientras tanto nosotros estaríamos dando entrevistas. ¿No es eso lo que habíamos acordado hacer? La Associated Press a las 2:00, el periódico de Cleveland *Plain Dealer* a las 2:30, etc. Yo me tuve que preguntar: ¿qué era más raro: (a) que la operación para ayudar a mi hijo a respirar por sí mismo haya sido de un solo día de estadía en el hospital, o (b) que fuéramos dados de alta del hospital en base a nuestro horario con los medios de comunicación?

Las entrevistas salieron bien, pero no sin un momento de incomodidad. Una locutora de televisión parecía deleitada con la oportunidad de tener una entrevista directa con Alex.

—Así que, Alex, ahora que te pueden sacar del respirador algunas veces y puedes respirar con ese nuevo diapositivo, ¿te sientes normal?

Alex la miró con intensidad, y con una expresión que parecía de confusión en el rostro.

—¿Qué es lo que quiere decir? —Hizo una pausa por un instante y luego continuó—: *Soy* normal.

La reportera se sintió avergonzada por haberse inmiscuido en territorio prohibido y se disculpó efusivamente. Alex pasó los siguientes pocos minutos asegurándose de que *ella* se sintiera mejor.

Otro reportero con la organización Associated Press escuchó mientras pasaba el tiempo de su entrevista con mi medio consciente hijo divagando sobre el equipo de los Pittsburgh Steelers. Pareció no importarle al hombre. Entonces dijo algo que me tomó de sorpresa.

—Usted debería escribir un libro.

—¿De veras lo cree?

—Sí, lo creo.

—¿Tiene algún consejo especial sobre ese proceso? —le pregunté.

—Sí. Trabaje duro y nunca se desaliente. Eso es todo.

Buen consejo para casi todo en la vida, pensé. Fue ese día que tomé la decisión de escribir un libro acerca de Alex y de sus experiencias. Yo había pensado en eso antes, pero el aliento de ese reportero de la AP fue el principio del libro que ahora tiene en las manos.

Entonces hicimos otra entrevista para un periódico y nos dirigimos a nuestra furgoneta. Acompañándonos, la reportera de esta entrevista nos aseguró que incluiría aspectos de nuestra fe en su reportaje porque sabía que era una parte integral de la historia.

El gran artículo sobre Alex apareció en el periódico del día siguiente —muchas columnas de palabras y varias fotos excelentes. ¿Y Dios . . . ? No; él no fue mencionado.

Mientras nos dirigíamos al hotel, sonó el teléfono. Era mi madre.

—Hola, mamá, me alegro que nos hayas llamado. Todo salió muy bien. Alex es un campeón.

—Sí, lo sé —me dijo ella—. Se ve muy bien.

—Tú estás a más de trescientos kilómetros de distancia. ¿Cómo sabes que Alex se ve muy bien?

—Oh, las fotos de la operación y de la sala de recuperación están por todos lados en Internet. En realidad se ve muy bien. Tal vez cuando llegues al hotel puedes poner el nombre de Alex en Google y podrás ver lo que te estoy diciendo.

¿No dice esto algo sobre los tiempos en que vivimos? Todavía no habíamos llegado a casa del hospital, y mis padres, a cientos de kilómetros de distancia, ¡habían visto lo que había sucedido en la sala de operaciones antes que yo! Puse el nombre de Alex en Google cuando llegamos al hotel. Había más de cuatro páginas de artículos. ¡Increíble!

Nuestra intención era regresar a casa al día siguiente, pero nos lo impidió una tormenta de nieve, y nos vimos forzados a quedarnos otro día en Cleveland. Mientras que eso fue algo bueno, porque nos dio a los tres un día más para no hacer otra cosa que descansar, también hizo que conducir hacia nuestro hogar fuera más difícil.

¡*Teníamos* que llegar a casa a tiempo para ver el inicio del primer juego de la eliminatoria del campeonato entre los Steelers y los Chargers de San Diego!

+++

Alex es un niño sorprendente. Uno comienza pensando que probablemente necesite aliento, puesto que está confinado a una silla de ruedas. Entonces usted comienza a hablar con él, y de inmediato es lo opuesto. ¡Alex es el que le levanta el ánimo! ¡Lo alienta a usted! Así es Alex.

Dan Tullis

Un joven mucho más fuerte: así es Alex

Cualquiera que haya hablado con Alex testificará que Alex es un joven muy fuerte. Su columna vertebral sufrió debido a músculos atrofiados en su espalda, y estaba muy curvada. Pero cuando se trata de los músculos que cuentan, los "músculos espirituales," es decir, la fortaleza de espíritu, Alex no tiene ningún problema. Esta valentía, aunada a lo que él ha visto y continúa experimentando del mundo celestial, ha moldeado a Alex y lo ha convertido en un testigo dinámico de Jesucristo. Si usted se encuentra con Alex, va a escuchar el evangelio.

Para ayudar a Alex a sentarse en forma apropiada en su silla de ruedas, y sacarle mayor provecho a la operación del Dr. Onders, "la operación de Christopher Reeve," sus médicos determinaron que Alex tendría que tener barras de acero sujetas a la columna vertebral. El primero de diciembre, 2009, Beth y yo llenamos nuestra furgoneta, que tiene lugar para quince personas, con equipo médico para Alex, y también con la maleta de Beth, anticipando que los dos estarían en Cleveland durante dos semanas mientras Alex se recuperaba.

La noche anterior al día de su operación, Alex se sentía muy bien de espíritu, y pasamos un buen tiempo juntos en nuestro hotel contando chistes y conversando. Pero cuando llegó la mañana, y pasamos los procedimientos anteriores a la operación, Alex se puso cada vez más nervioso. Él formuló una serie de preguntas acerca de lo que acarrearía la operación, y luego, volviéndose hacia mí me dijo, con una expresión de terror en el rostro: —Papi, tengo miedo de que me voy a morir.

Yo había sentido el mismo temor durante toda la semana, pero por supuesto que no le había dicho nada a él. Ahora ¿dónde encontraría las palabras para consolarlo? Me sobrepuse y le dije: —Alex, si mueres, estarás en tu hogar, y si no, seguiremos con la vida.

No es de sorprender que mi comentario no le trajo paz. A medida que llevábamos a Alex en su camilla por el pasillo, comenzó a agitarse y a arrastrar las palabras. Los enfermeros nos aseguraron que no recordaría que lo habían llevado por el pasillo.

Nos dijeron que la operación duraría entre cinco y ocho horas. Beth decidió pasar ese tiempo en la sala de espera. Yo caminé con mucha inquietud por el terreno que rodeaba el hospital. Beth tenía un localizador de personas, yo tenía un teléfono celular. Los dos estábamos nerviosos. La columna vertebral de Alex tenía una curvatura con un ángulo de 89 grados, y le tenían que hacer una incisión desde la base del cuello hasta la cadera.

Unas pocas veces los cirujanos nos pusieron al día en cuanto al progreso de la operación. Terminaron en unas cuatro horas. En cierto momento, el Dr. Onders vino para decirnos que acababa de ver a Alex. Tres personas estaban poniéndole los puntos a Alex, nos explicó, y eso llevaría como una hora. Cuando terminó la operación, nos informaron que había sido un tremendo éxito. La columna vertebral de Alex estaba ahora perfectamente derecha, y él se estaba recuperando en la unidad de cuidados intensivos.

Cuando lo vimos por primera vez después de la operación, Alex estaba despierto, pero no coordinaba. Beth se quedó con él en la unidad de cuidados intensivos y yo regresé al hotel. A la mañana siguiente fui al hospital para asegurarme de que Beth y Alex estaban bien, y luego me dirigí a nuestro hogar para estar con nuestros otros tres hijos.

Debido a algunas complicaciones, Alex tuvo que pasar los siguientes tres semanas en la unidad de cuidados intensivos recuperándose de la operación. Durante este tiempo, Beth estuvo a su lado cada noche, y muy rara vez salió del cuarto. Lo que Alex experimentó físicamente durante los próximos quince días es casi indescriptible. El Ejército de Alex estaba orando. Fue una batalla de proporciones titánicas. En una ocasión, Alex perdió la facultad de ver. Tenía enormes problemas para respirar, y su presión arterial iba de un extremo al otro. Las palabras de Alex eran débiles susurros. Varias veces estuvo seguro de que sus temores en cuanto a morir iban a hacerse realidad.

A pesar de lo difícil que fue ese tiempo para Alex, nosotros teníamos bastante confianza de que él lo iba a superar. El personal médico trabajó diligentemente para estabilizarlo, aun cuando él no mejoró por muchos días. En algún momento durante ese tiempo, el equipo de médicos y otro personal médico —unas ocho personas— se reunió alrededor de la cama de Alex para trabajar juntos. El cuerpo flácido de Alex yacía inmóvil en la cama, estaba muy débil y sus signos vitales eran inestables. Continuaba con problemas para respirar. En esta condición grave, Alex tenía una sola cosa en mente. Elevaba sus cansados ojos para mirar al personal médico y en su ahora débil y susurrante voz les preguntaba: —¿Alguno de ustedes tiene una relación personal con Dios?

+++

Cada vez que paso un poco de tiempo con Alex, cuando me voy me pregunto: "¿Por qué nunca siento lástima por él?"

Rachael, amiga
de la familia Malarkey

—Yo sí —dijo una persona, mientras el resto intercambiaba rápidas miradas.

Entonces Alex comenzó a hablarles de Jesús al resto del equipo médico. Ni una vez se mencionó a sí mismo ni a sus propias circunstancias. Su preocupación era por las otras personas y su relación con Dios a través de Jesús. Debido a que su respiración era tan dificultosa, Beth se inclinaba, escuchaba y luego actuaba como la intérprete de Alex. Cuando él terminó, una de las personas del equipo médico sonrió y dijo: —Alex, tú eres maravilloso.

Alex le respondió: —*Dios* es maravilloso. Yo soy sólo un niño.

Durante la siguiente semana Beth continuaba poniéndome al día mientras Alex hablaba acerca de Dios con prácticamente cada persona que entraba a su cuarto. Un día, una enfermera entró cuando Alex se sentía demasiado extenuado como para hablar. Miró a su madre y le dijo: "Dile tú."

Cuando Alex finalmente regresó a nuestro hogar desde Cleveland, un viaje en ambulancia de unos 290 kilómetros, le pregunté: —Alex, ¿le hablaste a cada persona que viste acerca de Jesús?

Alex sonrió y me dijo: —Papi, por favor. ¡Por supuesto que sí!

Es por esto que, cuando la gente me pregunta si mi fe flaquea porque Alex no ha sido completamente sanado, les respondo con un rotundo no. Por cierto que Alex va a ser completamente sanado, ya sea aquí en la tierra o en el Cielo. La forma en que eso ocurra es prerrogativa de Dios, y sin embargo, yo estoy completamente seguro de que su sanidad ocurrirá en esta vida.

Dios ha tocado tantas vidas y ha traído tanto bien del peregrinaje de Alex que sé que Dios no sólo está dirigiendo su plan, sino que también está dirigiendo el tiempo para el cumplimiento de ese plan. Es allí donde está nuestra esperanza confiada.

Y . . . ¡esto todavía no ha terminado!

[La placa dice: "Caminará."]

Epílogo:
Preguntas y respuestas con Alex

P: ¿Qué es lo que sabes acerca de un Cielo actual y de un Cielo futuro en la tierra?

R: Sé que hay otro lugar además del que voy. El ángel Ryan me dijo que en el Cielo futuro es donde te dan los nuevos cuerpos. A él le gustaría tener uno de esos nuevos cuerpos.

P: ¿Escuchas hablar del Nuevo Cielo donde estás ahora?

R: El otro Cielo está ahora allí, pero en un lugar diferente.

P: ¿Está el jardín del Edén y/o el árbol de la vida en el Cielo presente?

R: No tengo idea.

P: ¿Hay ciudades en el Cielo?

R: Sí. ¡Hacen que la ciudad de Nueva York parezca chica! La vista de esas ciudades es maravillosa.

P: ¿Cómo era tu cuerpo en el Cielo?

R: En realidad nunca le presté mucha atención a mi cuerpo. Nunca miré hacia abajo o pensé en mí mismo. Estaba demasiado asombrado por todo lo demás. Sin embargo, yo sé que podía caminar en el Cielo.

P: ¿Qué crees sobre el hecho de que Dios le dijo a Pablo que no hablara sobre lo que vio en el Cielo, pero le dijo a Juan que compartiera su visita al Cielo?

R: No me siento tan raro cuando pienso en eso. Yo soy una combinación de los dos. Puedo decir algunas cosas y otras no.

P: ¿Has visto alguna vez el infierno (desde el Cielo o en algún otro momento)?

R: Nunca he visto el infierno. Hay un hoyo del que te hablé en el Cielo de afuera. Sé que si vas a través de ese hoyo terminas en el infierno. Eso me pone muy triste.

P: ¿Cómo es la adoración en el Cielo?

R: Sucede todo el tiempo. Los ángeles tienen sesiones en las que adoran a Dios. Van a su trono a ciertas horas. Vi a los ancianos cuando se inclinaban y decían: "Santo, santo, santo." Pero lo más maravilloso son los ángeles que están detrás de los ancianos. Son más de los que puedes contar.

P: ¿Qué personas has visto en el Cielo?

R: He visto personas de la Biblia. No puedo decir más.

P: ¿Es el Cielo un lugar físico?

R: ¿Cómo podría haber estado allí si no lo fuera?

P: Si les hablaras a un grupo de jóvenes sobre la oración, ¿qué es lo que les dirías?

R: Me encantaría decirles la verdad. Dios te ama. Siempre está allí. Luego describiría el amor de Dios y su presencia. Me gustaría que supieras que Dios te escucha cuando oras, y que te ama.

P: ¿Qué es lo que les dirías a las personas sobre la guerra espiritual?

R: Les hablaría sobre tres puntos principales. (1) Satanás es un perdedor, y ya ha perdido; (2) los demonios están tratando de perjudicar a la gente todo el tiempo; (3) necesitamos a Jesús en nuestro corazón para poder pelear contra los demonios.

P: Si estuvieras hablando por teléfono con el presidente de los Estados Unidos, ¿qué le dirías?

R: Que permitiera que Dios fuera su líder. Que siguiera a Dios. Si hace eso, ninguna fuerza del mal puede perjudicarlo. Y a propósito, Georgetown necesita mucha ayuda. ¡Arriba los Buckeyes!

P: ¿Qué le dirías a alguien que está preocupado o ansioso?

R: Si se siente así, le diría: "Pídele a Dios que te ayude."

Apéndice de versículos bíblicos

Ángeles

Pues él ordenará a sus ángeles
que te protejan por donde vayas.
Te sostendrán con sus manos
para que ni siquiera te lastimes el pie con una piedra.
SALMO 91:11-12

Hay alegría en presencia de los ángeles de Dios cuando un solo pecador
se arrepiente.   LUCAS 15:10

Los ángeles sólo son sirvientes, espíritus enviados para cuidar a quienes
heredarán la salvación.   HEBREOS 1:14

Porque en cierto lugar las Escrituras dicen:
"¿Qué son los simples mortales para que pienses en ellos,
o el hijo del hombre para que te preocupes por él?
Sin embargo, lo hiciste un poco menor que los ángeles
y lo coronaste de gloria y honor".   HEBREOS 2:6-7

No se olviden de brindar hospitalidad a los desconocidos, porque
algunos que lo han hecho, ¡han hospedado ángeles sin darse cuenta!
HEBREOS 13:2

Se les dijo que los mensajes que habían recibido no eran para ellos sino para ustedes. Y ahora esta Buena Noticia les fue anunciada a ustedes por medio de aquellos que la predicaron con el poder del Espíritu Santo, enviado del cielo. Todo esto es tan maravilloso que aun los ángeles observan con gran expectación cómo suceden estas cosas.

1 PEDRO 1:12

Y todos los ángeles estaban de pie alrededor del trono y alrededor de los ancianos y de los cuatro seres vivientes; y se postraron rostro en tierra delante del trono y adoraron a Dios, cantando:
"¡Amén! ¡La bendición y la gloria y la sabiduría
y la acción de gracias y el honor
y el poder y la fuerza pertenecen a nuestro Dios
por siempre y para siempre! Amén". APOCALIPSIS 7:11-12

Dios cuida a los niños

Pero Dios escuchó llorar al muchacho, y el ángel de Dios llamó a Agar desde el cielo: "Agar, ¿qué pasa? ¡No tengas miedo! Dios ha oído llorar al muchacho, allí tendido en el suelo. Ve a consolarlo, porque yo haré de su descendencia una gran nación". GÉNESIS 21:17-18

Debes comprometerte con todo tu ser a cumplir cada uno de estos mandatos que hoy te entrego. Repíteselos a tus hijos una y otra vez. Habla de ellos en tus conversaciones cuando estés en tu casa y cuando vayas por el camino, cuando te acuestes y cuando te levantes. Átalos a tus manos y llévalos sobre la frente como un recordatorio. Escríbelos en los marcos de la entrada de tu casa y sobre las puertas de la ciudad.

DEUTERONOMIO 6:6-9

A los niños y a los bebés les has enseñado
    a hablar de tu fuerza,
así silencias a tus enemigos
    y a todos los que se te oponen.   SALMO 8:2

Pues él me ocultará allí cuando vengan dificultades;
    me esconderá en su santuario.
    Me pondrá en una roca alta donde nadie me alcanzará.
                                               SALMO 27:5

No les ocultaremos estas verdades a nuestros hijos;
    a la próxima generación le contaremos
de las gloriosas obras del SEÑOR,
    de su poder y de sus imponentes maravillas.   SALMO 78:4

El SEÑOR es como un padre con sus hijos,
    tierno y compasivo con los que le temen.   SALMO 103:13

Los hijos son un regalo del SEÑOR;
    son una recompensa de su parte.   SALMO 127:3

Dirige a tus hijos por el camino correcto,
    y cuando sean mayores, no lo abandonarán.   PROVERBIOS 22:6

Te conocía aun antes de haberte formado en el vientre de tu madre;
    antes de que nacieras, te aparté.   JEREMÍAS 1:5

En esa ocasión, Jesús hizo la siguiente oración: "Oh Padre, Señor del cielo y de la tierra, gracias por esconder estas cosas de los que se creen sabios e inteligentes, y por revelárselas a los que son como niños. Sí, Padre, ¡te agradó hacerlo de esa manera!" MATEO 11:25-26

Por ese tiempo, los discípulos se acercaron a Jesús y le preguntaron:
—¿Quién es el más importante en el reino del cielo?
Jesús llamó a un niño pequeño y lo puso en medio de ellos. Entonces dijo:
—Les digo la verdad, a menos que se aparten de sus pecados y se vuelvan como niños, nunca entrarán en el reino del cielo. Así que el que se vuelva tan humilde como este pequeño, es el más importante en el reino del cielo.

»Todo el que recibe de mi parte a un niño pequeño como éste, me recibe a mí, pero si hacen que uno de estos pequeños que confía en mí caiga en pecado, sería mejor para ustedes que se aten una gran piedra de molino alrededor del cuello y se ahoguen en las profundidades del mar. MATEO 18:1-6

Los principales sacerdotes y los maestros de la ley religiosa vieron esos milagros maravillosos y oyeron que hasta los niños en el templo gritaban: "Alaben a Dios por el Hijo de David".
Sin embargo, los líderes estaban indignados. Le preguntaron a Jesús:
—¿Oyes lo que dicen esos niños?
—Sí —contestó Jesús—. ¿No han leído las Escrituras? Pues dicen: "A los niños y a los bebés les has enseñado a darte alabanza".
MATEO 21:15-16

Cierto día, algunos padres llevaron sus niños a Jesús para que los tocara y los bendijera, pero los discípulos regañaron a los padres por molestarlo.

Cuando Jesús vio lo que sucedía, se enojó con sus discípulos y les dijo: "Dejen que los niños vengan a mí. ¡No los detengan! Pues el reino de Dios pertenece a los que son como estos niños. Les digo la verdad, el que no reciba el reino de Dios como un niño nunca entrará en él". Entonces tomó a los niños en sus brazos y después de poner sus manos sobre la cabeza de ellos, los bendijo. MARCOS 10:13-16

A todos los que creyeron en él y lo recibieron, les dio el derecho de llegar a ser hijos de Dios. JUAN 1:12

No permitas que nadie te subestime por ser joven. Sé un ejemplo para todos los creyentes en lo que dices, en la forma en que vives, en tu amor, tu fe y tu pureza. 1 TIMOTEO 4:12

¿Acaso olvidaron las palabras de aliento con que Dios les habló a ustedes como a hijos? Él dijo:

"Hijo mío, no tomes a la ligera la disciplina del SEÑOR
y no te des por vencido cuando te corrija.
Pues el SEÑOR disciplina a los que ama
y castiga a todo el que recibe como hijo".

Al soportar esta disciplina divina, recuerden que Dios los trata como a sus propios hijos. ¿Acaso alguien oyó hablar de un hijo que nunca fue disciplinado por su padre? Si Dios no los disciplina a ustedes como lo hace con todos sus hijos, quiere decir que ustedes no son verdaderamente sus hijos, sino ilegítimos. Ya que respetábamos a nuestros padres terrenales que nos disciplinaban, entonces, ¿acaso no deberíamos someternos aún más a la disciplina del Padre de nuestro espíritu, y así vivir para siempre? HEBREOS 12:5-9

El Cielo

Me mostrarás el camino de la vida,
    me concederás la alegría de tu presencia
    y el placer de vivir contigo para siempre.   SALMO 16:11

Ciertamente tu bondad y tu amor inagotable me seguirán
    todos los días de mi vida,
y en la casa del SEÑOR viviré
    por siempre.   SALMO 23:6

El año en que murió el rey Uzías, vi al Señor sentado en un
majestuoso trono, y el borde de su manto llenaba el templo. Lo
asistían poderosos serafines, cada uno tenía seis alas. Con dos alas
se cubrían el rostro, con dos se cubrían los pies y con dos volaban.
Se decían unos a otros:
    "¡Santo, santo, santo es el SEÑOR de los Ejércitos Celestiales!
    ¡Toda la tierra está llena de su gloria!".   ISAÍAS 6:1-3

Ora de la siguiente manera:
    Padre nuestro que estás en el cielo,
        que sea siempre santo tu nombre.
    Que tu reino venga pronto.
    Que se cumpla tu voluntad en la tierra
        como se cumple en el cielo.   MATEO 6:9-10

No almacenes tesoros aquí en la tierra, donde las polillas se los comen y
el óxido los destruye, y donde los ladrones entran y roban. Almacena tus
tesoros en el cielo, donde las polillas y el óxido no pueden destruir, y los
ladrones no entran a robar. Donde esté tu tesoro, allí estarán también
los deseos de tu corazón.   MATEO 6:19-21

Jesús contestó: "No pueden descubrir el reino de Dios por medio de señales visibles. Nunca podrán decir: '¡Aquí está!' o '¡Está por allí!', porque el reino de Dios ya está entre ustedes". LUCAS 17:20-21

No dejen que el corazón se les llene de angustia; confíen en Dios y confíen también en mí. En el hogar de mi Padre, hay lugar más que suficiente. Si no fuera así, ¿acaso les habría dicho que voy a prepararles un lugar? Cuando todo esté listo, volveré para llevarlos, para que siempre estén conmigo donde yo estoy. Y ustedes conocen el camino que lleva adonde voy. . . . Yo soy el camino, la verdad y la vida; nadie puede ir al Padre si no es por medio de mí. JUAN 14:1-4, 6

Contra su propia voluntad, toda la creación quedó sujeta a la maldición de Dios. Sin embargo, con gran esperanza, la creación espera el día en que se unirá junto con los hijos de Dios a la gloriosa libertad de la muerte y la descomposición. Pues sabemos que, hasta el día de hoy, toda la creación gime de angustia como si tuviera dolores de parto; y los creyentes también gemimos —aunque tenemos al Espíritu de Dios en nosotros como una muestra anticipada de la gloria futura— porque anhelamos que nuestro cuerpo sea liberado del pecado y el sufrimiento. Nosotros también deseamos con una esperanza ferviente que llegue el día en que Dios nos dé todos nuestros derechos como sus hijos adoptivos, incluido el nuevo cuerpo que nos prometió. ROMANOS 8:20-23

Lo que les digo, amados hermanos, es que nuestros cuerpos físicos no pueden heredar el reino de Dios. Estos cuerpos que mueren no pueden heredar lo que durará para siempre.

Pero permítanme revelarles un secreto maravilloso. ¡No todos moriremos, pero todos seremos transformados! Sucederá en un instante, en un abrir y cerrar de ojos, cuando se toque la trompeta final.

Pues, cuando suene la trompeta, los que hayan muerto resucitarán para vivir por siempre. Y nosotros, los que estemos vivos también seremos transformados. Pues nuestros cuerpos mortales tienen que ser transformados en cuerpos que nunca morirán; nuestros cuerpos mortales deben ser transformados en cuerpos inmortales.

1 CORINTIOS 15:50-53

Pues sabemos que, cuando se desarme esta carpa de campaña terrenal en la cual vivimos (es decir, cuando muramos y dejemos este cuerpo terrenal), tendremos una casa en el cielo, un cuerpo eterno hecho para nosotros por Dios mismo y no por manos humanas. Nos fatigamos en nuestro cuerpo actual y anhelamos ponernos nuestro cuerpo celestial como si fuera ropa nueva. Pues nos vestiremos con un cuerpo celestial; no seremos espíritus sin cuerpo. Mientras vivimos en este cuerpo terrenal, gemimos y suspiramos, pero no es que queramos morir y deshacernos de este cuerpo que nos viste. Más bien, queremos ponernos nuestro cuerpo nuevo para que este cuerpo que muere sea consumido por la vida. Dios mismo nos ha preparado para esto, y como garantía nos ha dado su Espíritu Santo.

Así que siempre vivimos en plena confianza, aunque sabemos que mientras vivamos en este cuerpo no estamos en el hogar celestial con el Señor. Pues vivimos por lo que creemos y no por lo que vemos. Sí, estamos plenamente confiados, y preferiríamos estar fuera de este cuerpo terrenal porque entonces estaríamos en el hogar celestial con el Señor.

2 CORINTIOS 5:1-8

En cambio, nosotros somos ciudadanos del cielo, donde vive el Señor Jesucristo; y esperamos con mucho anhelo que él regrese como nuestro Salvador. Él tomará nuestro débil cuerpo mortal y lo transformará en

*un cuerpo glorioso, igual al de él. Lo hará valiéndose del mismo poder
con el que pondrá todas las cosas bajo su dominio.*

FILIPENSES 3:20-21

*Ustedes han llegado al monte Sión, a la ciudad del Dios viviente, a la
Jerusalén celestial, y a incontables miles de ángeles que se han reunido
llenos de gozo.* | HEBREOS 12:22

*Oí una fuerte voz que salía del trono y decía: "¡Miren, el hogar de Dios
ahora está entre su pueblo! Él vivirá con ellos, y ellos serán su pueblo.
Dios mismo estará con ellos. Él les secará toda lágrima de los ojos, y no
habrá más muerte ni tristeza ni llanto ni dolor. Todas esas cosas ya no
existirán más".* APOCALIPSIS 21:3-4

*Así que [uno de los siete ángeles] me llevó en el Espíritu a una
montaña grande y alta, y me mostró la ciudad santa, Jerusalén, que
descendía del cielo, desde la presencia de Dios. Resplandecía de la
gloria de Dios y brillaba como una piedra preciosa, como un jaspe tan
transparente como el cristal. La muralla de la ciudad era alta y ancha,
y tenía doce puertas vigiladas por doce ángeles. Los nombres de las doce
tribus de Israel estaban escritos en las puertas. Había tres puertas a
cada lado: al Este, al Norte, al Sur y al Oeste. La muralla de la ciudad
estaba fundada sobre doce piedras, las cuales llevaban escritos los
nombres de los doce apóstoles del Cordero. . . .*

*La muralla estaba hecha de jaspe, y la ciudad era de oro puro y
tan cristalino como el vidrio. La muralla de la ciudad estaba fundada
sobre doce piedras, cada una adornada con una piedra preciosa: la
primera con jaspe, la segunda con zafiro, la tercera con ágata, la cuarta
con esmeralda, la quinta con ónice, la sexta con cornalina, la séptima*

con crisólito, la octava con berilo, la novena con topacio, la décima con crisoprasa, la undécima con jacinto y la duodécima con amatista.

Las doce puertas estaban hechas de perlas, ¡cada puerta hecha con una sola perla! Y la calle principal era de oro puro y tan cristalino como el vidrio.   APOCALIPSIS 21:10-14, 18-21

Acerca de los autores

KEVIN MALARKEY ES un terapista cristiano que practica la consejería cerca de Columbus, Ohio. Asistió al College of Wooster e hizo sus estudios de posgrado en Ohio State University. Sus estudios incluyen psicología clínica, evaluación psicológica y consejería familiar. Kevin tiene experiencia en desarrollar programas educacionales, evaluación de trastornos psicológicos y consejería para jóvenes de barrios céntricos deprimidos y sus familias. Él y su esposa, Beth, tienen cuatro hijos (Alex, Aaron, Gracie y Ryan) y asisten a una iglesia evangélica sin denominación. Disfrutan compartiendo tiempo, participando en los juegos de tablero, visitando el zoológico, encontrando nuevos lugares de recreación y explorando parques y áreas de entretenimiento.

"Algunas veces no tengo idea sobre qué pensar de la vida sobrenatural de Alex; no tengo un casillero teológico para colocar este asunto. Sin embargo, cada persona que se ha tomado el tiempo para conocer a Alex está de acuerdo en que él es un niño excepcional en quien Dios ha puesto su mano para sus propósitos." —Kevin Malarkey

ALEX MALARKEY (12), el hijo de Kevin, es la persona más joven del mundo que ha sido sometida a la llamada "operación Christopher Reeve," que le permite respirar sin el uso de un ventilador. Él puede mantenerse erguido durante una hora con la ayuda de una estructura de soporte y, con un arnés especial, puede caminar en una máquina rodante mientras ayudantes le mueven sus piernas. Alex es un hincha apasionado de los Steelers. Él cree que va a volver a caminar por sí mismo nuevamente algún día.

El vehículo de Kevin L. Malarkey, de 39 años, domiciliado en 2109 County Road 57, Huntsville, está al lado de la State Route 47 el sábado[1], después de colisionar con un vehículo manejado por Emily Jill McCain, de 23 años, domiciliada en 112 N. Everett St., Apt. A, en la intersección con County Road 9. El hijo de 6 años del Sr. Malarkey fue gravemente herido en el accidente.

Un niño está en estado crítico después del choque

Otros cuatro también fueron heridos en el accidente que ocurrió el sábado.
Por el personal de *The Examiner*

Un niño de 6 años, residente de Huntsville, aún estaba en estado crítico esta mañana en la unidad de cuidados intensivos del Hospital de Niños de Columbus después de un choque que ocurrió el domingo por la tarde.

William Alexander Malarkey, domiciliado en 2109 County Road 57, fue transportado en un helicóptero MedFlight al hospital, donde, según ayudantes del sheriff de Logan County, está conectado a un sistema de soporte vital.

Fue herido en un choque que ocurrió a la 1:35 p.m. en la intersección de la State Route 47 y County Road 9 cuando su padre, Kevin L. Malarkey, de 39 años, giró frente

---

[1] El artículo original erróneamente indica sábado como el día del accidente en esta leyenda así como en el subtítulo. El primer párrafo del artículo menciona el día correcto, domingo.

a un auto manejado por Emily Jill McCain, de 23 años, domiciliada en 112 N. Everett St., Apt. A.

El Sr. Malarkey iba en dirección este e intentaba dar media vuelta para ingresar a C.R. 9, pero no vio el auto de la Srta. McCain, que iba en dirección oeste y que al chocar contra su auto lo arrojó a una zanja en la esquina noroeste de la intersección.

Brigadas de Bellefontaine y Robinaugh llevaron al Sr. Malarkey, a la Srta. McCain y a los dos hijos de ella, Zoe Madison Gingrey, de 6 años, y Zander B. McCain, de 1 año,

al Hospital Mary Rutan por el tratamiento de heridas menos graves.

El Sr. Malarkey, padre del niño, fue arrojado del vehículo durante el choque. Había información contradictoria sobre cuáles pasajeros en ambos vehículos estaban usando los cinturones de seguridad o los asientos de seguridad para niños, pero todos los informes indican que William usaba un cinturón de seguridad del regazo y del hombro.

El cuerpo de policía de Bellefontaine también ayudó en la escena.